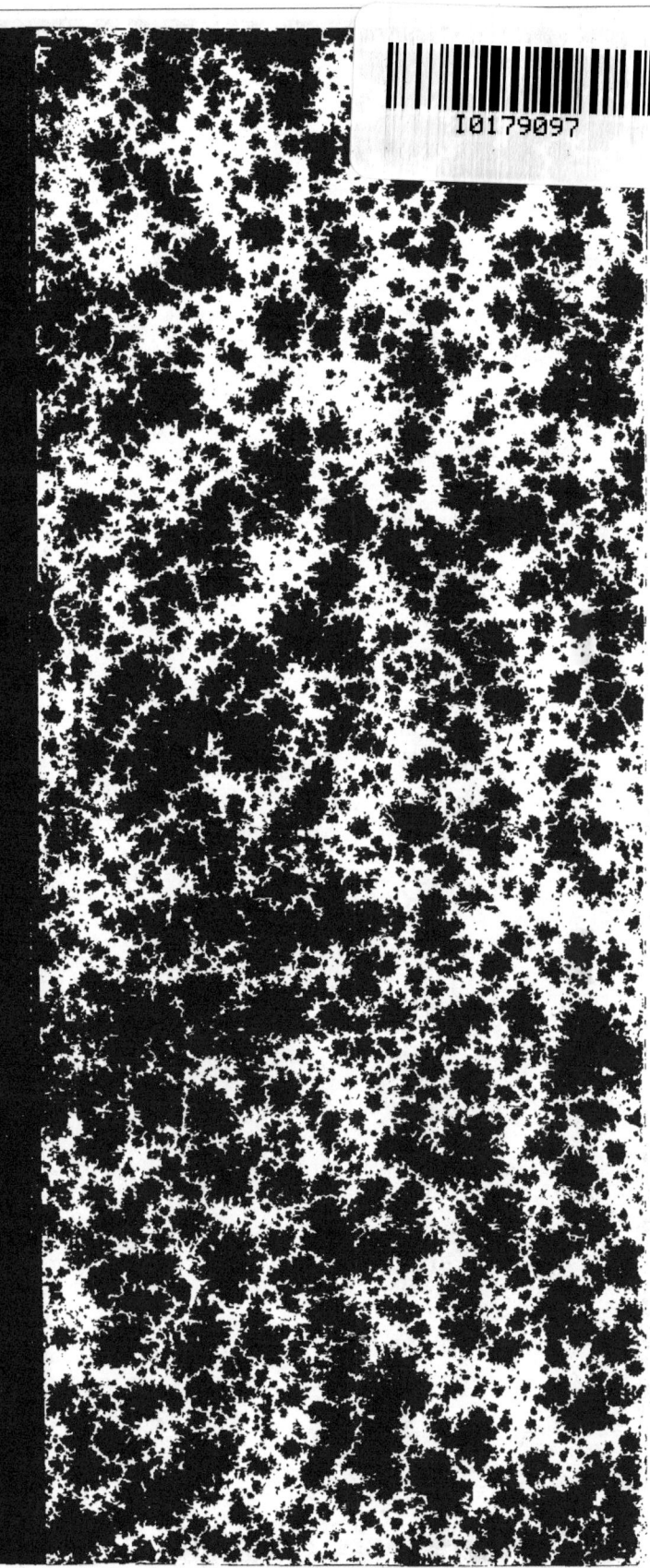

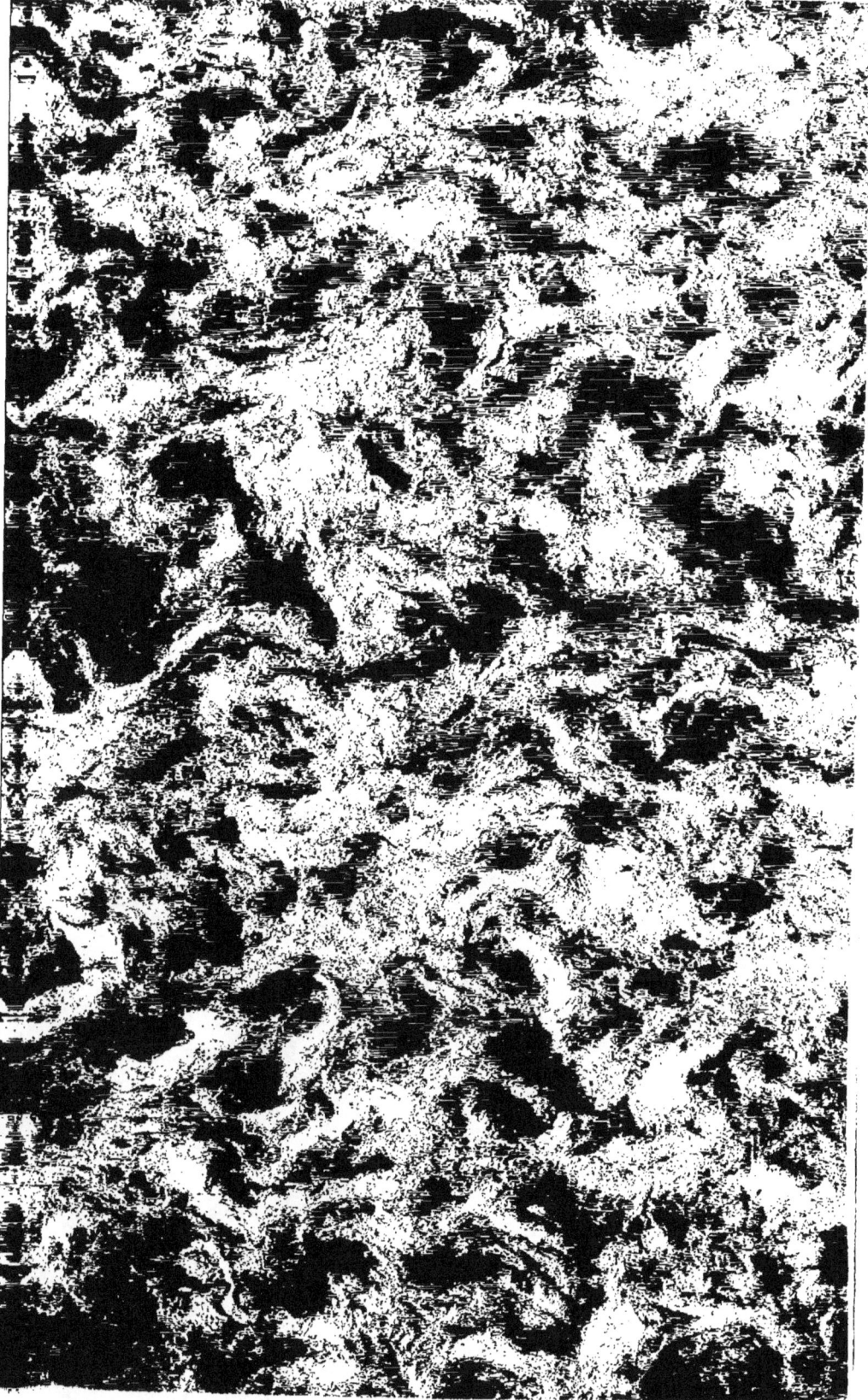

J.SCHMITT 1966

TRAITÉ
PHILOSOPHIQUE ET POLITIQUE

DE

LA PEINE DE MORT.

TRAITÉ
PHILOSOPHIQUE ET POLITIQUE
DE
LA PEINE DE MORT;

Par le Docteur CA. M. CIAMARELLI.

Pour servir de suite & de Supplément au Traité des Délits & des Peines du Marquis DE BECCARIA.

Traduit de L'ITALIEN,

ET DÉDIÉ

AUX ÉTATS GÉNÉRAUX.

Redeunt Saturnia Regia.

A MANTOUE.

M. DCC. LXXXIX.

AUX
ÉTATS-GÉNÉRAUX.

O Vous, que l'oppreſſion arbitraire s'efforça d'étouffer depuis deux ſiecles, mais que la loi impérieuſe du beſoin, oblige de ranimer & d'implorer! Seul Corps repréſentatif d'une partie de l'égalité naturelle & de toute la liberté ſociale! Vous, dont les droits impreſcriptibles ſont écrits, & dans la raiſon qui ne veut pas que l'homme dépende ſervilement de l'homme, & dans le contrat, ſoit tacite, ſoit poſitif d'aſſociation, par lequel un peuple s'eſt créé des Souverains, & non des despotes ! Vous, qui n'existez encore que dans la volonté individuelle des citoyens, mais que cette volonté libre s'occupe aujourd'hui d'ériger en tribunal législatif ! O Vous, mes concitoyens, bientôt mes Seigneurs & mes Maîtres, je vous rends l'hommage qui vous est dû, & vous supplie de m'entendre !

Assez d'Écrivains patriotes, plus éclairés que moi, vous présenteront leurs vues, & leurs systêmes sur les moyens de remédier aux maux de la fortune publique. Vos lumieres, Nosseigneurs, vos lumieres individuelles, réunies en foyer, vous les feront mieux appercevoir encore. Votre sagesse supérieure s'honorera sans doute aussi de consulter le génie d'un grand homme, devenu votre concitoyen par son amour pour l'Etat, comme par l'étendue de ses bienfaits. Son œil osa descendre jusqu'au fond de l'abîme fiscal, & son bras peut encore vous aider à le combler. Intelligence la plus vaste & la plus sûre, probité la plus sincere, dévouement le plus intrépide, mais le plus sage aux intérêts du peuple, il rassemble en lui-même tout ce qui constitue le vrai Ministre. La bonté des cieux, qui se plaît à faire succéder le calme à la tempête, devoit, si j'ose le dire, devoit cet homme vertueux aux malheurs d'un Monarque, né bon, né juste, né l'ami de ses sujets, mais trop souvent trompé par l'intrigue, l'ambition & la tyrannie de ses Ministres.

A la suite de cet éloge, trop foible sans doute, mais qui du moins rappelle en vous des idées plus sublimes, devrois-je bien, Nosseigneurs, vous parler de moi, foible citoyen, dont les pas introduits dans la carriere des Loix, ne sont encore marqués par aucune découverte utile ? Mais si la nature n'a point gratifié mon être du don précieux d'un talent créateur, je fus assez heureux pour découvrir avec l'étude, & pour m'approprier en quelque sorte avec elle, le génie d'un Jurisconsulte étranger, citoyen d'un pays où la législation est devenue plus humaine. Enhardi par la célébrité de son nom, par le sujet intéressant qu'il discute, par la force puissante de son raisonnement, & plus encore par le bien qui peut en résulter pour ma patrie, j'oserai, Nosseigneurs, dénoncer à votre tribunal souverain un usage sanguinaire que le premier despote usurpa à la Divinité, dans laquelle seule il put être légitime, érigé depuis en loi par la soumission ou l'habitude, consacré par des siecles de lumieres, empreints encore de la force d'un long préjugé, exercé sans remords, aujourd'hui même, par le pouvoir exécutif de cet Empire qui se glorifie d'être l'ami des hommes. Je viens, dis-je, Nosseigneurs, dénoncer à votre justice un usage inique dans son origine, inhumain dans son objet, infructueux dans son effet, l'usage de la *Peine de mort*.

Ma sensibilité, Nosseigneurs, s'étoit plus d'une fois arrêtée sur ce droit prétendu de moissonner la vie des hommes. Sans oser remonter à sa source, par respect pour des Ecrivains célebres qui me l'assuroient une suite nécessaire des obligations sociales, je recherchois du moins quels étoient ses avantages pour le corps politique. Il falloit envisager cet usage sous trois points de vue différens, puisque votre Empire se divisoit alors en trois classes distinctes ; celle des puissans, celle des riches, & celle des infortunés, ou autrement celle du peuple.

Quel étoit l'effet de la *Peine de mort* envers les premiers ? Il n'y en avoit pas ; la Loi intimidée n'osoit élever ses coups dans les alentours du trône. La trahison, le pillage, l'assassinat, revêtus d'un grand titre, n'étoient plus des crimes, ou, semblables à ces dieux malfaisans, qui descendoient désoler la terre, leurs victimes devoient encore les encenser, quand ils rentroient dans les cieux.

Le ministere de la *vindicte* publique informoit avec plus de liberté, il est vrai, contre le citoyen opulent; mais celui-ci achetoit, avec son or, la lenteur de la Loi, qui toujours commuoit la peine. Ainsi, deux fois coupable, là par foiblesse, ici par corruption, le pouvoir exécutif frustroit la société de l'effet de la *Peine de mort* ; mais, disons-le, s'il étoit injuste, au moins il cessoit d'être inhumain.

C'étoit donc sur ta tête seule, peuple malheureux ! que tomboient, sans crainte & sans pitié, les foudres de la Loi. Les impôts surchargeoient tes biens, l'avarice fiscale s'engraissoit de tes sueurs, le voisinage des grands opprimoit ta liberté, & la *Peine de mort* venoit aussi t'anéantir. Si ta faim, par hasard, déroboit à l'opulence quelques restes de son superflu, ton sang couloit chaque jour, & l'habitude de le voir couler te familiarisoit avec ce dernier fléau, sans t'inspirer de terreur. Barbare envers toi seul, la *Peine de mort* ne tiroit de ton supplice aucun effet fructueux pour la société !

Ne croiroit-on pas que je parle ici de malheurs passés ? L'aspect, NOSSEIGNEURS, de cet avenir heureux, qu'on a droit d'attendre de votre auguste réunion, m'abusoit sur les époques, & me faifoit confidérer le tems préfent comme s'il eût été déjà ancien.

Mais, revenant à mon fujet, je jugeois donc, d'après cet apperçu, que la *Peine de mort*, auffi infuffifante que barbare, minoit infenfiblement la population de votre Empire, & n'étouffoit pas le defir du crime. Un Jurifconfulte Tofcan s'occupoit alors de raffembler fes idées fur cette matiere importante. Organe de l'humanité, & défenfeur de fes droits, il vient dire aux Souverains de la terre:

Vous avez ufurpé le droit de *mort* à la main des cieux, qui feule pouvoit l'exercer. Créateur libre de l'effence humaine, le Tout-Puiffant étoit également libre de la diffoudre.

L'homme ne devoit avoir d'autres

Rois que les dieux ; mais bientôt il s'ennuya de dépendre de la Divinité, & préféra dans son aveuglement d'obéir à son semblable. L'Eternel alors soumit l'homme à l'homme, & à toutes les passions de la nature humaine.

Samuël prédit au peuple que la Justice divine toléreroit dans les Princes, tous les fléaux de l'oppression ; mais il n'y comprit pas la *Peine de mort*, parce qu'il savoit que le Très-Haut s'en réservoit l'usage, & qu'il falloit la sagesse d'un Dieu pour lancer la foudre.

Donc le droit de mort n'est pas une émanation céleste.

Auroit-il sa source dans la loi de nature?

La nature crie sans cesse à l'homme,

conserve-toi. La nature approuve le châtiment du coupable : les remords qui suivent le crime le démontrent : mais cette approbation ne peut s'étendre jusqu'à sa destruction ; & loin de consentir à la peine de mort, tout annonce qu'elle en abhorre l'usage.

Cet usage fut donc accordé à l'homme régnant par le contrat social.

Lorsque les individus se réunirent en corps politique, ils prévirent bien sans doute que cet état de dépendance ne se maintiendroit *sûr* & *tranquille*, que par la force des peines. L'homme dit donc à l'homme, *tu me puniras*, mais non *tu me tueras*. La nature n'eût pas laissé proférer cette parole sanguinaire. Comment l'homme d'ailleurs pouvoit-il donner contre lui-même un droit qu'il n'avoit pas, un droit dont la Divinité ne s'eft jamais deffaifie ?

Donc ce droit de mort n'eft que le fruit de l'oppreffion & de l'audace humaine.

Auroit-il du moins une utilité réelle dans fon application ?

Il feroit difficile, Nosseigneurs, de vous analyfer les divers raifonnemens du Jurifconfulte. Enchaînés l'un à l'autre par une fuite de principes, on ne peut guere les refferrer dans un cercle plus étroit. Dépouillant la mort de l'appareil terrible que lui prête le préjugé, l'œil du Philofophe a reconnu qu'elle n'étoit point un mal en elle-même.

Il n'eft pas vrai que la nature humaine répugne à fa deftruction. Cette répugnance viendroit, ou de la matiere, ou de l'esprit. La premiere n'a pas de fentiment fans le fecond. L'ame peut-elle bien éprouver un fentiment d'horreur pour fa féparation d'avec le corps ? Le Créateur, dans cette hypothèfe, auroit donc voulu que l'ame fe féparât, & refusât cependant de fe féparer ? Contradiction qui ne s'allie point avec la fageffe fuprême. L'efprit, en outre, ne tient pas à la matiere par des liens folides ; mais par l'effet d'une harmonie myftérieufe, ceffant fans effort comme elle a commencé.

La mort n'eft donc point une douleur phyfique.

Doit-on l'appeller un mal moral ?

Deux claffes d'hommes confidérent la mort fous deux afpects différens. L'homme ordinaire la rédoute ;

elle est pour le Philosophe le plus doux remede aux maux. L'homme ordinaire, à l'approche de la mort, est dans une espece d'anéantissement ou d'aliénation qui l'absorbe entiérement, & empêche l'effet du mal moral. Cet effet n'a pas plus de réalité dans le cas opposé, où la mort paroît un bien pour le Philosophe.

Donc la mort n'est point une peine morale pour eux. Et comment en seroit-elle une pour le criminel, qu'il faut ranger dans l'une de ces deux classes ?

La peine de mort peut-elle du moins devenir un exemple imposant & profitable ?

L'homme qui voit détruire son semblable, oublie le crime, & n'apperçoit plus dans le criminel qu'un infortuné exposé au plus grand des maux. D'ailleurs la pensée que fait naître la vue d'un supplice, est véhémente, & par conséquent de la nature des violens ; je veux dire qu'elle se dissipe de l'intellect avec la rapidité de l'éclair.

Ainsi la société a perdu un homme : elle n'a point expié un crime, & ne préviendra pas, par la terreur, le desir du vice.

Donc cette peine de mort est inhumaine, insuffisante & inutile. Donc il faut la proscrire, & y suppléer par une autre plus efficace.

L'esclavage perpétuel paroît réunir tout ce qui manquoit à la *Peine de mort* ; mal physique par le poids des travaux, mal moral par la perte précieuſe de la liberté, exemple toujours parlant, & capable d'étouffer le deſir du crime. A concours égal, cette peine devroit encore être préférée, puiſqu'elle épargne le ſang des hommes.

Quel effroi ſalutaire, Nosseigneurs, quel effroi n'inſpireroit-elle pas, cette peine de la ſervitude, à votre Empire, ſi jaloux de ſes droits ſociaux, que dans les derniers tems de l'oppreſſion miniſtérielle, il ne balança pas de déclarer, à la face de ſes tyrans, qu'il alloit s'enſévelir ſous ſes ruines ou être libre ?

Telle eſt, Noſſeigneurs, l'eſquiſſe rapide, mais inſuffiſante de cet Ouvrage lumineux ! Déjà l'imagination me tranſporte au milieu de vous ; l'écrit

crit eft dans vos mains ; vos amis s'attendriſſent, vos yeux ſe deſſillent, un cri univerſel s'eſt fait entendre, & la Juſtice, digne enfin de ce nom, a jetté loin d'elle le glaive meurtrier, & arraché du code pénal ce feuillet écrit du ſang des hommes ; ils renaiſſent donc pour nous les jours tant regrettés du premier âge ! La nature, la liberté, la raiſon rentrent à jamais dans leurs droits : votre récompenſe, Citoyens immortels, eſt dans votre cœur ; elle eſt dans tous les cœurs François ! Ils voient, ils verront toujours en vous la Providence d'un grand Empire : & toi, Juriſconſulte philoſophe, qui viens d'enlacer de fleurs les noms de Catherine II & de Léopold, étends ta guirlande pour

b

y enchaîner le nom glorieux de Louis & de son Peuple assemblé. (1)

---

(1) Il a paru dernierement une brochure, intitulée : *Dénonciation de la Peine de mort aux Etats-Généraux.* Nous avertissons les personnes que la ressemblance des titres pourroit égarer, qu'il y a entre cet Ouvrage & celui-ci la différence que l'on trouve communément entre une simple dénonciation & un Traité approfondi, entre la déclamation & la véritable éloquence, entre des exclamations & des raisonnemens, entre un pamphlet & un Livre; en un mot, pour tout dire, entre l'intention & le fait.

INTRODUCTION.

Si l'homme, même au sortir des mains de la nature, étoit, selon les principes chimériques de Hobbes, toujours en guerre avec l'homme ; si une défiance continuelle maîtrisoit les élans de son ame, & n'établissoit entre lui & son semblable qu'un commerce haineux & féroce, on concluroit avec raison qu'il est né pour le crime, & que la société, comme le prétend ce Philosophe, est contraire à son essence & à sa constitution.

Ne voyez-vous pas dans tous les hommes, dit-il, cette cupidité innée, toujours croissante, & jamais satisfaite, qui les excite à tout envahir, & leur fait embraffer avec tranfport l'idée d'une propriété exclufive? Le moyen de réunir des êtres tendans ainfi à leur commune deftruction ? L'état naturel du genre humain n'eft donc pas la fociété, mais la guerre; & fi vous en voulez des exemples, parcourez les hiftoires anciennes & modernes, & depuis l'origine des fiecles jufqu'à nous, vous verrez par-tout le fort écrafant le plus foible, & rien qui annonce dans l'homme cet efprit de douceur & de fociabilité dont on a vainement prétendu lui faire honneur.

En conféquence de ce principe, cette puiffance de l'ame, fondée fur la raifon dont elle émane, ne feroit dans l'homme que la puiffance motrice du crime, & la fource de toutes les vertus morales n'y feroit plus qu'un inftinct furieux & fanguinaire, que le besoin réciproque de nuire & de se dévorer. Ce n'est pas tout, & blasphémant les loix de l'Eternel, on seroit forcé d'avouer que l'homme, orné des qualités les plus sublimes, supérieur aux animaux, & fait pour commander à tous les êtres, tient également de son auteur un penchant destructeur, une inclination perverse, étrangere à la brute, puisqu'il n'est pas d'animal qui ne recherche son semblable & ne sympathise avec lui (1).

Mais pour mieux reconnoître encore le sophisme grossier du Philosophe Anglois, franchissons les limites de la société, & considérant l'essence primitive de l'homme, dépouillons-le des qualités hétérogenes qu'il doit aux circonstances de la vie, aux

---

(1) Cicer. *de Nat. Deor.* lib. cap. XXVIII.

INTRODUCTION.

maximes de l'éducation, ou à l'abus des paſſions. Quand on veut étudier avec préciſion un être quelconque, il faut l'examiner non dans ſon état de dégradation, mais dans ſa beauté originelle, & le moraliſte, avant de nous donner une idée générale & particuliere de la nature de l'homme, doit le mettre dans ſa ſituation naturelle. De ce que nombre de ſes pareils ſont atteints de folie, deviennent cruels, ou ſe livrent aveuglement au plaiſir, conclura-t-on que l'homme ſoit eſſentiellement fou, cruel & débauché ? Telle eſt cependant l'induction illuſoire & ſophiſtique de Hobbes. Que les partiſans de ce Philoſophe fixent un inſtant la nature innocente & encore étrangere aux impreſſions dangereuſes de l'imagination & des ſens; qu'ils obſervent ſans prévention les inclinations de l'enfance, & bientôt ils renonceront à ce syftême abfurde & calomniateur. Voyez en effet les enfans ; ils ne fe connoiffent point ; ils ne fe font jamais communiqués, & cependant la premiere rencontre, un premier regard fuffit pour les unir. Avec quelle rapidité ces ames encore neuves fe confondent! Quel abandon dans leurs embraffemens! que de naïveté dans leurs careffes! quelle fécurité dans leurs jeux, & au milieu de leurs amufemens! Où eft-donc cette défiance fi vantée qui divife les hommes ? ce génie foupçonneux & ennemi qui les anime ? Oui, la confiance d'un homme dans un autre homme, eft un fentiment inné. Si la dépravation générale en arrête les élans, & le porte enfin à la défiance, il n'y parvient qu'à force de leçons, & les combats que lui livre la nature, prouve évidemment qu'il n'y cede qu'en renonçant à elle.

Et ensuite, quel besoin l'homme a-t-il de tout envahir ? Comme animal, vêtu & rassasié, le reste est un superflu dont il peut disposer. Comme être raisonnable, moins il possede, & plus il est heureux. La seule cupidité, & non la nature, lui a donc suggéré l'idée de conquête & d'invasion. Celle-ci, contente à peu de frais, borne ses desirs au jour présent, & l'avidité les lui fait étendre à plusieurs mois, dans une suite d'années, & souvent au-delà du tombeau. Ce tableau est fidele sans doute, mais les couleurs n'en sont pas ineffaçables, & l'homme peut, quand il lui plaît, écarter des desirs qui ne sont pas nés avec lui. Ce triomphe, une fois supposé, plus d'obstacle à la vie sociale, & par conséquent plus de motif de conflit & de discorde.

Nous connoissons, il est vrai, les guerres

de l'Affyrie & de la Perfe, de la Grece & de l'ancienne Rome. Nous n'ignorons pas les divifions inteftines qui ont accéleré le démembrement & la diffolution des Républiques les plus floriffantes de l'Italie. Nous nous rappellons encore, avec terreur, ces horribles batailles qui ont inondé de fang, & changé en effrayantes folitudes les plus belles contrées du Midi & du Septentrion. Il eft, & nous en conviendrons, il eft des monftres qui, fous la figure humaine, cachant un cœur de tigre, ne balanceroient pas d'immoler, à leur ambition, l'humanité entiere.

Mais Hobbes pouvoit-il élever fon fyftême fur cette bafe ruineufe ? Quelle raifon, en effet, prife dans la nature, porte l'homme à la guerre ? Eft-ce à une haine innée pour son semblable ? Mais la nature, libre & pure dans les enfans, ne l'a-t-elle pas suffisamment lavé de cette odieuse calomnie ? Est-ce le besoin ? Mais la terre n'est-elle pas assez étendue, ses productions assez abondantes, le nombre des hommes tellement proportionné, qu'elle est à peine concevable, la nécessité de disputer & d'ensanglanter ce peu de fruits & d'eau qui appaise sa faim, ou étanche sa soif? Est-ce enfin un droit privé sur les biens qui l'environnent ? Mais les droits de l'homme se bornent à sa conservation individuelle; il saisit tout ce qui peut y contribuer, & la mesure précise de ses besoins est, comme l'on sait, bien au-dessous de ses ressources.

On ne voit donc pas comment l'homme seroit dans un état perpétuel de guerre,

& quels motifs lui fournit la nature pour égorger son semblable ? En outre, si la seule défiance, si la seule crainte eussent opéré la réunion des hommes en société, qui ne sent pas que ces mêmes raisons devoient les déterminer à s'isoler & à se fuir ?

De ces principes, concluons avec Aristote, que l'homme est un être sociable, que rien n'est plus contraire à sa nature, que l'esprit de discorde & de dissention ; qu'autant il haït la vie sauvage & solitaire, autant il aime la société, pour laquelle la nature, la raison, ses qualités sublimes, une tendance invincible, tout nous dit, tout nous prouve qu'il est né. Et sans elle, en effet, de quel usage seroit à l'homme la faculté de déduire de principes connus, des vérités inconnues, d'inventer des signes, pour la communication de ses pensées, & de connoître les propriétés des corps ? De quel usage seroit à l'homme la grande idée de l'ordre, le sentiment & l'enthousiasme de la vertu, l'empire des passions, & cette foule d'idées & d'images déposées dans sa mémoire ? De quel usage lui seroit enfin la liberté d'écouter la voix immortelle de la conscience, & de porter le flambeau dans les replis les plus secrets de son être ? Toutes ses facultés lui deviendroient inutiles dans une vie agreste & isolée, loin de la société, errant sans ordre & sans législation ?

Il semble néanmoins que l'homme, au milieu de ses semblables, ait défiguré l'image de la vertu, & que ses nouveaux rapports aient obscurcis les lumieres qui auparavant éclairoient son intelligence, & régloient les mouvemens de son cœur. Disons plus, il semble renoncer à son être, & s'oublier jusqu'à lutter de cruauté avec les animaux les plus féroces, en se baignant dans le sang d'un ami, en égorgeant sa postérité, & en accélerant lui-même de sang-froid sa propre destruction. Je ne reconnois plus le Roi de l'univers, & la ressemblance de la Divinité ; je le vois au-dessous de la brute, privée, il est vrai, d'une raison versatile & chancelante, mais dont l'instinct, toujours sûr, obéit ponctuellement à la nature, & nous étonne par la constante régularité de ses fonctions.

Le crime parut donc éclorre avec la vie civile. On trouve, parmi les Nations policées, des forfaits inconnus aux peuples sauvages. De là ce mot d'un ancien, que l'ignorance du vice étoit plus utile & plus favorable aux Scythes, que ne l'étoit aux Grecs la connoissance de la vertu.

A Dieu ne plaise cependant que j'ose, d'après ces réflexions, croire à la malice naturelle de l'homme, & le rappeller à fon antique folitude. L'homme, je le répete, eft fait pour la fociété, & par elle il échappe à une fuite de défordres, qu'auroit entraînés le refus de facrifier à un feul homme une portion de fa liberté primitive, pour s'affurer la paifible jouiffance de l'autre. Quoique la fociété ait irrité les defirs, en multipliant les befoins, quoiqu'elle ait dénaturé les paffions, foit en prefcrivant à l'homme des devoirs pénibles, foit en l'expofant, par une apparente facilité, à la tentation journaliere de les violer, on ne peut en inférer qu'il la détefte, & qu'elle foit pour lui un état de violence & de préjudice.

Une pareille conféquence reffembleroit à celle d'un Ecrivain célebre contre les fciences. Si celles-ci, fous une plume coupable & facrilege, ont fait quelquefois la honte & la ruine des Etats; fi, non contentes de bouleverser les loix de la nature, elles ont attaqué le ciel même, & poursuivi l'Etre Suprême jusques dans son sanctuaire ; si, d'un autre côté, les hommes réunis en société, contempteurs des loix divines & terrestres, se sont souvent abandonnés aux plus grands excès, faudra-t-il conclure que les sciences, préjudiciables en elles-mêmes à l'Etat, doivent en être exilées pour jamais, ou que la société est incompatible avec l'innocence de l'homme, & qu'il importe à son bonheur de la lui faire haïr ?

La source de tous les crimes est dans l'abus des passions & le relâchement de la discipline. On voudroit en vain les attribuer à un vice intrinsèque & inhérent à la société. La perfection néanmoins du contrat social exigeoit que les hommes, convaincus de l'existence de ces événemens perturbateurs de la tranquillité publique, méditaſſent, en ſe ſoumettant à un homme érigé par eux en Souverain, les moyens les plus conformes à la nature, les moins préjudiciables au dépôt ſacré de la liberté primitive, de garantir de toute invaſion particuliere le corps politique en général.

Que me fait à moi, diſoit un ſavant Ecrivain, la gloire & la puiſſance de mon Souverain, ſi je dois mener une vie inquiete & agitée par la crainte de l'oppreſſion ou de l'indigence, ſi, à l'abri des incurſions de l'étranger, la vigilance du Prince ne me raſſure également contre la violence & les pieges d'un mauvais citoyen? ſi je cours moins de riſque au milieu des forêts qu'au ſein de ma patrie, ou ſi, dénué de ſecours, j'ai tout à redouter du voiſinage d'un grand.

Telle eſt la véritable, telle eſt la ſeule origine du Code Pénal.

TRAITÉ

TRAITÉ
PHILOSOPHIQUE ET POLITIQUE

DE LA

PEINE DE MORT.

Des Peines Criminelles en général.

LA peine criminelle, considérée dans sa fin, a été bien définie, *un mal que le Souverain doit, avec une juste proportion, faire souffrir aux Sujets qui violent les Loix,* indépendamment de la réparation du dommage, en vue de la sûreté & de la

A

tranquillité publique. De cette définition naissent les dispositions suivantes :

I.

Il doit y avoir une juste proportion entre la peine & le délit.

> *Adsit*
> *Regula peccatis quæ pœnas irroget æquas,*
> *Nec scutica dignum horribili scelere flagello.*

II.

Le Souverain, comme gardien & Ministre de la tranquillité publique, a non-seulement le droit de punir les délits, mais est encore obligé d'*infliger* des peines.

III.

Le premier objet des peines criminelles doit être le maintien de la sûreté & de la tranquillité publique.

IV.

Parmi les objets secondaires de la peine,

ne doit jamais exister celui de tourmenter le coupable.

OBSERVATIONS
sur les Dispositions précédentes.

I.

Il doit y avoir une juste proportion entre la peine & le délit.

Le désir de l'homme, sans doute, est d'être heureux, & ce desir paroît lui être aussi essentiel que la raison même. De là, son aversion naturelle pour la douleur; & prétendre que le coupable se présente de lui-même au supplice; qu'il contemple, en souriant, les murs d'une prison ténébreuse, c'est l'obliger de renoncer à lui-même, & substituer un être de raison à celui de la nature. Il est de l'essence de l'homme d'abhorrer les cachots & les fers, & d'éloigner jusqu'à la moindre sensation qui puisse altérer la sérénité de son existence.

Tel est en lui le trouble profond de la douleur, que le scélérat, voisin de l'échafaut, racheteroit volontiers une vie couverte d'opprobres, au prix de tous les avantages sociaux. Le citoyen le plus barbare, à la vue d'une victime de la Loi, dût-il trouver dans ses tortures son intérêt & sa satisfaction, éprouve une répugnance invincible à devenir le spectateur de sa longue agonie. Déjà la vengeance expire dans son ame ; la pitié éclate dans ses yeux humectés ; tout est pardonné, & le dernier de ses vœux est pour la liberté & la vie de cet infortuné.

Ce caractere de l'homme nous apprend combien il mérite d'être respecté, même au milieu des tourmens, & avec quelle circonspection le Souverain doit mesurer la peine qu'il inflige au citoyen violateur de la Loi ! De là naît cette regle importante du Code Criminel, qui ordonne la proportion entre la peine & le délit.

Peut-on après cela ne pas sentir toute

l'atrocité de la torture préparatoire ? Moyen sûr, dit un illuftre Ecrivain, de condamner un innocent foible & délicat, & d'abfoudre un fcélérat robufte. On a remarqué, à ce fujet, que tous deux mentoient également.

Le refpect dû à l'humanité doit donc engager le Souverain à proportionner, d'après un calcul exact & rigoureux, la peine au délit, pour ne pas punir avec la même févérité & le chaffeur qui, dans un bois de réferve aura tué un oifeau, & le traître qui aura trempé fes mains dans le fang de l'homme.

L'inexpérience des Souverains éclate dans la création de certaines Loix; & le refpect des peuples, en les adoptant, a souvent encenfé leurs erreurs : mais les droits de l'humanité font imprefcriptibles. Elle n'en doit pas réclamer avec moins d'énergie la réintégration ; elle n'en doit pas moins élever la voix, & folliciter avec importunité une réforme néceffaire,

& toujours prompte sous un Monarque philosophe.

La compensation des peines est d'autant plus utile, qu'elle prévient infailliblement le passage d'un premier crime à un plus grand, en attachant à celui-ci une peine plus considérable. A la Chine, observe à ce sujet Montesquieu, les seuls assassins sont mis à mort. Il n'en est pas ainsi des simples voleurs. Cette différence fait qu'on y vole, mais qu'on n'y tue pas; & les assassinats, au contraire, sont très-fréquens en Russie, où la peine est la même pour les uns & les autres.

On peut aisément se convaincre de cette vérité, en réfléchissant que la crainte intrinsèque de la peine est pour l'homme le frein le plus puissant. Otez cette crainte salutaire, le délit devient facile. Ne savons-nous pas en effet, par expérience, que les peines, dont le résultat est simplement l'ignominie ou un déshonneur public, ne sont point propres à épouvanter un malfaiteur, & rien ne démontre mieux l'illusion de la Loi, que la sécurité avec laquelle il s'expose aux suites peu effrayantes du délit.

Toutes les nations, dont la raison a rédigé le Code Criminel, ont religieusement observé cette proportion entre la peine & le délit, & les erreurs en ce genre sont l'ouvrage de l'ignorance & de la tyrannie.

Dracon, prédécesseur du célebre Solon dans le gouvernement d'Athenes, prescrivit la peine de mort, non-seulement à tous les délits, mais encore aux moindres transgressions de la Loi; de sorte que la paresse, l'oisiveté, & les vols les plus légers étoient punis avec la même rigueur que les assassinats & les sacrileges. Aussi, l'orateur Demade disoit-il de ces Loix, qu'*elles avoient été écrites avec le sang humain.* Ce même Dracon, à qui l'on demandoit pourquoi il avoit ainsi condamné tous les délits au dernier supplice, répondit, *que les moindres transgressions lui avoient paru mériter la mort, & qu'il n'avoit pas trouvé de peines plus considérables pour les autres.* Paroles insensées, & bien peu glorieuses à la mémoire de ce Législateur sanguinaire.

L'usage fréquent de la lapidation chez les Hébreux, & son application aux fautes les plus légeres, comme aux plus graves délits, sont des mysteres aussi augustes qu'inimitables de la Théocratie. Quarante-deux enfans insultent à la tête chauve d'un Prophète, & ils sont à l'instant dévorés par deux ours. Un Israélite, le jour du Sabbat, recueille un peu de bois pour la préparation de ses alimens, & la Loi le condamne à expirer sous les pierres. Une jeune épouse n'a point réservé pour la couche nuptiale cette fleur si douce à cueillir pour un amant; accusée par son mari, & je ne sais trop comment convaincue, elle est massacrée sans pitié. Malheur à la propagation du genre humain, si tous les peuples eussent sévi avec tant de rigueur contre quiconque auroit, avant le tems, obéi au cri impérieux de la nature.

Au reste, nous pouvons manquer à nos devoirs, & les violer avec réflexion ; nous pouvons fouler aux pieds les ordres d'un Législateur, ou en éluder à dessein les dispositions. Ces fautes sont condamnables ; mais la Loi ne doit pas se borner à les considérer en elles-mêmes : elles deviennent plus ou moins repréhensibles à mesure qu'elles intéressent plus ou moins de personnes, & qu'elles sont plus ou moins préjudiciables au bien public, mobile suprême & prédominant de la société civile.

Il faut donc que le Législateur assigne ces différences avec une précision qui éclaire la religion des Juges, & prévienne de funestes erreurs. Il faut que la puissance législative détermine, & mesure avec la plus scrupuleuse attention, les degrés de la peine au démérite des actions. Elle doit en outre en rendre l'exécution toujours humaine & raisonnable.

De ces principes jaillira un tout harmonieux, & la législation cessera d'être un objet d'effroi & une source d'iniquités.

Les injustices sans nombre occasionnées par les barbares loix de Dracon ; les funestes effets résultans de leur exécution, les firent abolir, lorsque le sage Solon changea la face du Gouvernement, & donna une forme nouvelle aux tribunaux d'Athenes.

I I.

Le Souverain, comme gardien & ministre de la sûreté & de la tranquillité publique, a non-seulement le droit de punir les délits, mais est encore obligé d'infliger des peines.

La Vertu, cette grande divinité, dont la splendeur éleve l'homme, & en fait un être si sublime ; dont la force victorieuse l'arrache aux mains de la mort, & à la nuit du tombeau ; la Vertu, qui, dans un Scévola étendit courageusement la main sur un brasier ardent ; qui, dans Régulus vaincu, n'hésita point entre un exil éternel & la gloire de la patrie ; qui fit mépriser à la fois à une jeune Romaine, & les traités honteux de ses concitoyens, & une vie toujours chere à la foiblesse ; cette Vertu, quels que soient ses charmes, quel que soit son pouvoir, fut, dans tous les tems, une frêle barriere contre les crimes & les désordres de la société.

Les loix ont, il est vrai, cherché à consolider dans l'homme l'empire de la raison & de la conscience. Attentif à la voix de sa raison, docile aux mouvemens de sa conscience, il éprouve la jouissance des belles ames, & cede sans effort aux impressions lumineuses de la sagesse. Ce ne fut pas là le seul moyen que les Loix employerent pour le guider à la vertu. Elles ont attaché un prix à ses devoirs ; & par une de ces dispositions qui attestent les lumieres du Législateur & son étude profonde du cœur humain, tout acte de patriotifme a trouvé fa récompenfe.

Cette difpofition n'a point échappé à la pénétration des Jurifconfultes Romains, & une expérience journaliere en a démontré l'efficacité.

Mais, au mépris de cette généreufe condefcendance des Loix, à la honte de la vertu, qui imprime à toutes les actions de l'homme un caractere éclatant de juftice & d'équité, de tout tems, chez toutes les nations, l'on a vu le vice l'emporter fur elle, & la terreur des fupplices a prévenu plus de crimes, que l'amour de l'honnête, & le fentiment du beau n'ont produit de vertus.

Mon but n'eft point ici de remonter à la caufe de ces funeftes effets : on la trouveroit aifément dans cet innocent amour de foi-même, né avec l'homme, & dégénérant trop fouvent en un coupable amour-propre, qui ne lui eft pas naturel, ou peut-être encore dans cette fatisfaction prompte & sensible que présente le crime, bien différent de la vertu, dont les plaisirs sont purs comme le ciel, & dont les beautés ineffables, échappant au vulgaire, n'attirent que les ames faites pour y croire.

Qui pouvoit donc suppléer à l'empire imparfait de la vertu, & à la force limitée des récompenses civiles ? Qui pouvoit obliger l'homme à respecter l'ordre social, à ne pas violer les loix, & à en être en tout point le rigide observateur ? Le seul Code Pénal; & ce fut là uniquement le moyen, non pas de rendre l'homme infaillible & absolument irréprochable, mais au moins d'enchaîner ses passions destructives, de maintenir la société, d'en écarter la défiance & les dangers, & sur cette base a porté de tout tems le système de la tranquillité générale.

On sait combien la pratique a démenti la théorie de Montesquieu sur le principe des deux Gouvernemens monarchique &

républicain. L'honneur & la vertu n'ont jamais assuré la prospérité des Empires, sans le concours simultané des autres principes, entre lesquels la crainte tient à coup sûr le premier rang.

Les Princes chargés de maintenir la sûreté & la tranquillité sociale, ont donc non-seulement le droit de punir les délits, mais sont encore obligés, en vertu de leur ministère, d'infliger des peines; & s'il ne fut jamais de société sans délits; si l'unique moyen de punir & de prévenir le délit, est la peine ou la crainte qu'elle inspire; si toute autre ressource a été jusqu'à présent foible ou impuissante, qui oseroit révoquer en doute la nécessité des peines pour le maintien du repos général?

L'homme, dans sa liberté naturelle, dit Puffendorff, n'a d'autre supérieur que l'Etre Suprême, & ne reconnoît de loix, que les Loix divines. Mais à la formation des Empires, la société remit aux Souverains le droit de punir les fautes des sujets, &

de cette concession est résultée la tranquillité de tous.

Laissons le stupide égoïste égaré par cette aversion constante de l'homme pour toute peine en général, en proscrire l'usage. S'il existe, cet homme déraisonnable, qu'il me suffise de lui dire, avec le citoyen de Geneve, que quiconque veut l'antécédent, doit vouloir la conséquence, les peines étant un simple résultat du Contrat social, consacré tout entier au bonheur du genre humain, qui l'a volontairement stipulé.

III.

Le premier objet de la Peine criminelle doit être le maintien de la sûreté & de la tranquillité publique.

Si l'homme a enfin préféré les charmes de la société à la vie isolée & silencieuse des forêts, ce ne fut point en lui l'effet de l'inconstance. Ce ne fut point l'action d'un être, las de demeurer au sein de la nature, & cédant à l'attrait d'un nouveau plaisir. Quelle que soit l'inconstance de l'homme, une raison plus grave, un plus noble motif l'a tiré de son antique solitude. Une voix souveraine, n'en doutons pas, a parlé à son cœur, une lumiere supérieure a éclairé sa raison, & l'homme entraîné, subjugué, obéit à ce double pouvoir.

Il soupiroit sans cesse après une félicité où tendent nos desirs. Elle alloit lui échapper dans son état naturel ; déjà l'accroissement successif de l'espece humaine lui en fermoit la route, & sappoit sans retour l'édifice chancelant du bonheur. L'homme ne pouvoir plus sans danger pourvoir aux simples besoins physiques ; la terre cependant n'étoit pas moins libérale, & pour lui sa surface se couvroit de fruits. Mais l'avarice d'un voisin puissant, une population surabondante, & trop resserrée dans ce point de l'univers qu'il occupoit, lui en interdisoient l'usage, & les droits les plus sacrés cédoient à l'empire de la force.

Ce fut au milieu de ces contradictions, que l'homme se crut né pour la société, hors de laquelle tout est pour lui objet de trouble, d'inquiétude & d'effroi. Cet échange de bienfaits dont parle un ancien Philosophe, tous les charmes réunis de la vie sociale eussent peut-être cédé dans l'homme, à la superbe idée d'une égalité naturelle, si la foiblesse de ses ressources, & la nature par-là même anéantie, n'avoient dessillé ses yeux, & dissipé cette orgueilleuse chimere. Il entrevit donc dans son nouvel état une tranquillité qui le fuyoit. Cette douce espérance le fit souscrire au traité, par lequel il renonçoit à une parfaite indépendance, aux avantages de l'égalité, & se créoit une sujétion abhorrée & méconnue jusqu'à ce tems. Voilà le centre d'un cercle immense ; voilà où doivent tendre toutes les vues de la souveraineté : comme les rayons d'une vaste circonférence, elles aboutiront au point unique & indivisible de la sûreté commune.

B

Les hommes n'ont pas, il est vrai, limité, dans sa naissance, l'autorité suprême; ils n'ont opposé à ses écarts aucun acte formel & authentique : idée précieuse & réalisée depuis chez des peuples jaloux de leur liberté & ennemis du despotisme. Mais en la créant, cette suprématie, ils la mirent sous la sauve-garde de la raison. La raison seule devoit en diriger les rênes. Elle assigne au Souverain les bornes de son pouvoir; elle lui met sans cesse devant les yeux la source de son élévation, & l'avertit d'être dans toutes les circonstances l'homme de son peuple.

Que les Princes pèsent ces dernieres paroles d'un Roi à son fils, qui alloit lui succéder. *Qu'il vous souvienne, ô mon fils ! que la dignité royale est une charge publique, dont vous devez rendre un compte rigoureux à celui qui dispose des sceptres & des couronnes.*

Le Souverain, du haut de son trône, n'est point une vaine idole; il a aussi sa part à remplir du contrat social, dans lequel les hommes écrivirent : *Nous voulons être tranquilles & à l'abri du danger dans cette enceinte de muraille, & nous consentons à dépendre d'un de nos semblables, qui promet de nous maintenir dans un état de paix & de sûreté.* La société naissante jura dépendance & soumission. Le nouveau Souverain jura de pourvoir à la sûreté & à la tranquillité générale, & dès cet instant le pacte fut conclu, & la convention eut lieu.

Tous ceux qui ont donné à l'autorité des Rois une origine différente ; tous ceux qui l'ont fondée sur la supériorité des forces, ou, pour parler leur langage, sur *une puissance irrésistible*, ont confondu la souveraineté avec l'usurpation, & les droits inviolables des Souverains, avec la violence & les cruautés des brigands.

L'essence de tout droit est qu'il soit ratifié par la raison. Il n'y a donc que l'approbation de la raison, qui puisse constituer un droit. Ce droit feul réveille le fentiment de l'obligation, qui, en vertu des motifs de notre foumiffion, nous détermine à obéir.

Un Roi d'ailleurs doit être plein de cette grande vérité, que la fuprématie lui fut confiée pour le bonheur de l'Etat, & que toutes fes vues d'adminiftration fe rapprochent au plus grand bien de fes peuples.

Quelle idée injurieufe à l'humanité, de mettre un intervalle incommenfurable entre la nature du Souverain & celle du fujet, & de croire par-là autorifer toutes les barbaries !

Si les Loix civiles partent de cet axiôme philofophique, *falus populi fuprema lex efto*: fi toutes coïncident parfaitement avec ce principe ; c'eft là auffi, n'en doutons pas, l'unique maniere d'envifager la fanction pénale, née avec la fociété, inféparable de la fouveraineté, & néceffitée par le contrat civil. Qu'une peine soit injuste, si elle n'est pas indivisiblement liée à la tranquillité & à la sûreté des Citoyens, c'est une proposition désormais incontestable

Le contrat social, comme toute convention *synallagmatique*, naquit avec le seul consentement des parties. Les hommes, en le donnant, crurent pourvoir à une sûreté qui alloit à jamais leur échapper. Ce furent là les seules conclusions du traité, elles devoient en constituer l'essence.

Les Loix civiles sont des moyens que la souveraineté emploie pour remplir sa part de ce contrat auguste. Les Loix pénales, inséparables des Loix civiles, ont simplement en vue la tranquillité & la sûreté des hommes. Si nous taxons d'injustice & de tyrannie la Loi civile, oubliant son but primitif, & tendant à l'oppression, elle sera donc également injuste & tyrannique ; la Loi criminelle, inutile au maintien de la tranquillité générale, protectrice du despotisme, & visant à favoriser une cause étrangere aux vues de l'homme dans l'établissement d'une souveraineté, qu'il a dû regarder, même en lui remettant la verge vengeresse, comme une puissance équitable & bienfaitrice.

IV.

Parmi les objets secondaires de la Peine, ne doit jamais exister celui de tourmenter le coupable.

L'homme, en se soumettant à la volonté d'un seul, n'est pas devenu un tronc immobile, ou un simple automate, dont le Souverain soit l'unique agent. Il a des droits inséparables de l'humanité auxquels il ne peut renoncer sans renoncer à son être. La raison, la justice, la nature entiere, réclameroient bientôt avec éclat contre une pareille abjuration.

La prospérité de l'Etat est-elle en danger ? Est-il menacé de quelqu'orage ? Le souverain dépositaire de toutes les volontés, de toutes les forces relatives à ces objets, doit alors agir & commander : les sujets, réduits à une soumission passive, obéir & se taire.

Mais tout Citoyen, comme homme, a ses droits; comme être raisonnable, sa liberté; comme être pensant, son opinion : en un mot, il est ridicule d'étendre le pouvoir absolu au-delà du bien public.

Les Souverains n'ont point le droit de tourmenter leurs sujets. Ceux-ci ne sauroient l'exercer sur eux-mêmes, & n'ont pu par conséquent le transmettre à autrui.

Ainsi, lorsque la souveraineté la plus étendue n'a point de bornes, tout la circonscrit, la nature, l'intention de ceux qui la créerent, & les Loix immuables de la Divinité.

En remontant à l'origine des âges, la charge auguste de Gouverneur des peuples, est entre les mains d'un père de famille, &

ces sociétés particulieres ont servi, dit-on, de modeles à la société générale. Les hommes accoutumés dès leur enfance à obéir à un pere, sûrs que sa sollicitude, loin de se rallentir, croîtroit à l'aspect du danger, aimerent mieux se soumettre à lui qu'à tout autre. Ils joignirent donc à son autorité naturelle, une autorité civile : ils lui confierent le dépôt inviolable des Loix, la puissance exécutrice, & une jurisdiction entiere & sans appel.

Ouvrons les Livres sacrés où les mœurs de l'homme sont représentées dans leur simplicité naturelle, & nous y verrons le nom d'*Abimelech*, appliqué très-souvent au Gouverneur d'un peuple : nom qui signifie à la fois Pere & Roi, par la réunion de la puissance royale & paternelle.

Un Souverain est donc le pere de son peuple, & comme un pere, dans le châtiment de son fils, envisage non la destruction d'un être si cher, mais le repentir, & son retour à la vertu. Ainsi, un Souverain ne peut équitablement punir un fujet dans la vue de l'exterminer.

Il eſt vrai que les Loix pénales intéreſſant le bonheur de la fociété, la comparaiſon entre le pere & le Souverain, n'eſt pas admiſſible dans un fens précis & littéral ; car fi le fecond avoit toujours la condefcendance du premier, la proportion de la peine & du délit, ceſſant d'être exacte & rigoureuſement compenſée, avilie & dégradée, tomberoit bientôt en défuétude. La nature a lié le pere à fon fils, par un nœud indiſſoluble, & il eſt de toute impoſſibilité phyſique que ce nœud exiſte entre le fujet & fon Souverain. Une relation d'efpece, & non une liaifon de fang les unit l'un à l'autre : elle feule doit tempérer la rigueur des peines criminelles ; encore eſt-il fouvent très-bon de l'immoler à la fûreté du corps focial.

Cette fûreté une fois hors de danger, l'objet fecondaire de la Loi eſt de ramener aux fentiers de la juſtice, un citoyen égaré, de l'éclairer & de le corriger. L'homme, dit Montesquieu, se révolte contre les voies extrêmes, & c'est par des moyens naturels qu'on doit le diriger.

L'atrocité des supplices qui déshonorent l'histoire de l'humanité, a aigri son caractere doux & sensible, & n'a servi qu'à lui faire abhorrer les auteurs de ces découvertes infernales. Un Ecrivain célebre a démontré qu'un adoucissement raisonnable dans les peines, étoit bien plus avantageux à l'État qu'une inhumaine sévérité.

Les habitans de l'Orient n'auroient-ils pas déjà contracté l'humeur douce & pacifique des animaux les plus innocens, si de barbares supplices amolissoient le cœur de l'homme, & en extirpoient la férocité ?

Le fameux taureau de Phalaris, le supplice si connu de Mezence, ne sont-ils pas plutôt des crimes de leze-humanité, que des peines créées par un pouvoir équitable & raisonné ?

Il arrive, il eſt vrai, que l'homme, accoutumé au crime, nuit & peche enfin par une néceſſité morale. Dans ce cas même, la loi peut trouver des châtimens compatibles avec l'humanité & la sûreté des citoyens. Déſeſpere-t-elle du retour d'un ſcélérat, elle peut le rendre phyſiquement innocent, & reſpecter en même tems cette empreinte de grandeur & de majeſté que l'homme dégrade, mais qu'il ne perd jamais aux yeux de la juſtice & de la raiſon.

En un mot, des peines aſſignées par des êtres finis, doivent avoir leurs limites naturelles qu'elles ne ſauroient franchir ſans admettre un principe contradictoire. Le Créateur lui-même meſure ſes châtimens à la nature de l'homme: une conduite différente, en le réduiſant à faire l'impoſſible, eût été contraire à la ſageſſe divine.

On a enfin, de nos jours, conſidéré de plus près la nature humaine: on s'eſt élevé avec force contre la ſévérité des peines criminelles, & le vœu de l'univers s'eſt fait entendre pour la régénération de cette partie de la législation. L'Impératrice de Russie, l'immortelle Catherine, a paru la premiere sur la liste des réformateurs. Cette auguste Souveraine, ennemie courageuse des préjugés, méprisa le langage pusillanime des Cours, renversa, au grand étonnement de leurs adorateurs, des abus anciens & vénérés ; méditant une réforme à jamais glorieuse, elle pesa dans sa sagesse les Loix pénales, en créa de nouvelles ; & sortie enfin d'une longue oppression, l'humanité respire, appuyée sur ce code immortel.

De la peine de mort.

Après l'exposition de ces principes généraux, je me propose l'examen de la plus simple & de la plus grande de toutes les peines criminelles, *la peine de mort* ; & quoique cet examen ait arrêté la vue des plus habiles politiques, il n'a pas encore été saisi sous tous ses aspects possibles.

Quelque fentiment d'horreur auroit-il éloigné les hommes de cette matiere ? Une fauffe délicateffe, une pufillanimité coupable les auroit-elle empêché de conduire jufqu'au trône cette fource de la haine publique ? Quoi qu'il en foit, le fujet important de la *peine de mort* a été traité avec une honteufe indifférence.

Citoyen obfcur autant qu'inutile d'un pays gouverné par le meilleur des Princes, quel eft mon but en réproduifant une queftion ténebreufe ? Mon but eft de la porter au tribunal de la raifon, & de déterminer, d'après fes feules lumieres, tous les motifs qui peuvent concourir à fauver ou à détruire un homme. Les Loix de la Tofcane, devenues par leur fageffe un objet d'admiration pour les peuples éclairés, ces Loix immortelles, traçant, pour ainfi dire, de toutes parts dans ce champ épineux, guident, & encouragent mes pas. L'entreprife, fans doute enhardie, la recherche de la vérité m'y a feule engagé.

La vérité ! elle confervera fes droits fur tout écrivain, dont la plume ne fera pas vendue au fordide intérêt.

Si tous ceux qui ont écrit fur la *peine de mort* étoient remontés à la fource des chofes, fi un rigoureux enchaînement de principes les avoit conduits à des réfultats juftes & lumineux, on ne les eût point vus, efclaves de la changeante opinion, devenir les échos de la mode & du préjugé qui nous manifefte les idées prédominantes des fiecles, & non la fimple vérité.

L'homme a été déchiré & défuni par la main de fon femblable. Soit docilité, foit impuiffance, il n'a point employé la réaction phyfique, ni recouru à la force ouverte. Bien plus, il n'a pas même cherché à découvrir fi cette deftruction de fon être fe trouvoit dans la proportion du *jufte* & du *droit*; & vénérant enfin un ufage tranfmis par la fucceffion, il ne fut pas tenté d'oppofer au moins à fa rigueur la voix de la réclamation. Hélas ! elle eut peut-être éclairé la raison de l'homme régnant, qui pouvoit extirper ce vice politique, & ramener les choses à l'ordre de la nature.

Quant à moi, je n'ai pas l'orgueil de prétendre à ce succès, quoique j'ose me flatter d'interroger la raison dans son calme, & de l'interroger avec cette raison qui caractérise l'homme social, obligé de sacrifier à des pactes formels les aspects même de cette précieuse liberté du premier âge.

J'envisagerai *la peine de mort* sous trois aspects ; 1°. dans son origine, 2°. dans le jugement qu'en peut porter la loi naturelle, 3°. dans son application. Enfin, j'examinerai qu'elle peine paroît lui devoir être substituée.

Origine de la Peine de mort.

Ce long espace de puissance qui s'écroula depuis l'époque de la monarchie d'un Dieu, jusqu'à celle du premier homme devenu Souverain, fut marqué, il est vrai, par des flots de sang répandu; mais la main qui les fit couler eut des droits sur la vie de l'homme. Créateur libre de tous les êtres, Dieu put librement reprendre son bienfait; il le dut contre celui qui s'en rendit indigne.

Je parle du regne théocratique des Israélites, continué jusqu'au tems du barbare Saül: Lorsque ce peuple sortit d'un empire tyrannique pour être guidé par un Dieu de paix, il vit souvent étinceler sur sa tête cette épée flamboyante qui se plongeoit dans son sein au moindre crime commis.

Ce période de souveraineté n'a pu indiquer la véritable origine de *la peine de mort*, quoique prescrite & facilement exécutée. Je le répete, le conducteur des Israélites étant ce même Dieu, qui, de son souffle, avoit animé l'homme, il fut maître de le détruire à son gré; mais vouloir, dans le cas présent, inférer de la théocratie à la monarchie, ce seroit raisonner fonner contradictoirement aux principes les plus fains.

Emporté par un efprit de fédition, les Ifraélites fe lafferent du gouvernement de l'Eternel, & demanderent, à l'imitation des idolâtres, un Roi toujours préfent, qui les commandât, & fît refpecter leurs armes. Le prophète Samuël qu'ils confulterent fur ce changement, s'adreffa au Très-Haut, dont il reçut cette réponfe : *J'ai entendu mon peuple ; ce n'eft pas toi, c'eft moi qu'il refufe.*

Dieu, dans fa jufte colere, confentit à leur donner un Roi ; mais fa bonté prefcrivit encore à fon Miniftre d'annoncer aux ingrats tous les inconvéniens d'une fouveraineté nouvelle, qu'ils préféroient à la théocratie. Samuël exécuta les ordres divins ; & pour frapper vivement ce peuple groffier, il lui peignit, fous les traits les plus fenfibles, la tyrannie & le defpotifme que la prévoyance d'un Dieu appercevoit dans la domination de l'homme.

Il retraça aux Hébreux tous les dangers de ce pouvoir, qu'ils alloient indiscretement confier à un de leurs semblables. Rien ne les ébranla ; ils s'écrierent de nouveau : *Nous voulons un Roi qui nous juge, & marche à notre tête contre l'ennemi.* Le prophete rendit compte à Dieu de l'obstition de son peuple, & Dieu irrité répondit : *Donnez-leur un Roi.*

Je pese toutes les paroles du discours terrible de Samuël, dont quelques esprits corrompus ont abusé jusqu'à prétendre légitimer par la sanction divine, les écarts du pouvoir souverain, & dans tout ce discours, je ne trouve nulle part exprimée la mort des sujets, malgré les droits barbares & illimités que devoit s'arroger l'homme régnant. Servitude des fils, prise & saccage des villes, esclavage & œuvres serviles des filles, invasion des biens, charges, impositions, oppression la plus tyrannique, sans liberté de réclamation ; tous ces fléaux sont décrits & détaillés dans Samuël. Mais il n'y eſt pas parlé de la mort des ſujets, & la raiſon en eſt ſenſible. Dieu ſeul avoit juſqu'alors exercé ce droit terrible, qui n'appartient qu'à lui ; & le Prophète, prévoyant que les reproches anticipés de la Divinité ſerviroient un jour de prétexte & d'autoriſation aux Souverains de la terre, n'a eu garde de mettre ſur la liſte de leurs uſurpations, la plus grande de toutes, un acte intolérable, qui n'eſt légitime que dans Dieu ſeul.

Quiconque fait dériver du regne théocratique, l'exercice de la *peine de mort* dans la ſociété civile, uſurpe donc les droits particuliers de la Divinité, & n'en connoît pas les loix.

Si je voulois étayer mes réflexions de tout le poids de l'Ecriture-Sainte, j'établirois un ſyſtême inexpugnable ; & qu'on ne croie pas que la même autorité vînt à l'appui des partiſans du deſpotiſme qui cherchent à légitimer dans les Princes la premiere effuſion du ſang de l'homme, &

C ij

remettent ainsi entre des mains mortelles la foudre redoutable dont le ciel a seul le droit de faire usage.

Un Dieu de paix, qui fonda sur l'amour mutuel le parfait accomplissement de sa Loi, qui défendit de verser sur ses autels le sang même des victimes, qui exhorta de sa propre bouche à remettre le glaive dans le fourreau, qui ne demande de l'homme, que la justice & la vertu, qui remit à la femme adultere la peine de mort assignée par la loi, qui fit promulguer sur la face du monde un Evangile aussi saint que philosophique, regardé comme la base de la société civile, & vanté même par les hommes les plus hardis en paradoxes : un tel Etre souverainement bon, souverainement ineffable, auroit transmis à l'espece humaine, portée naturellement à abuser de tout, un droit exorbitant & constitutif d'une partie de ses droits suprêmes ! Parfaitement sage, ne devoit-il pas le réserver à ses vengeances mystérieuses ? Il devoit le faire ;

il le fit en effet, & dans aucun tems, il ne laiſſa tomber de ſes mains le droit rigoureux de moiſſonner la vie des hommes, que les hommes eux-mêmes ne ſement qu'occaſionnellement.

Tous ceux qui en général ont avancé que les Princes tiennent leur pouvoir immédiatement de Dieu, outre qu'ils ont malignement déduit en leur faveur un droit occulte au deſpotiſme, tous ceux-là, dis-je, ſe ſont groſſierement trompés. Peut-on en effet accorder que Dieu ait immédiatement conſtitué les ſouverainetés ? De toutes celles qui partagent l'univers, que l'on m'en indique une ſeule qui remonte à cette illuſtre origine ? L'on me citera peut-être le royaume de Juda ; mais les autres Empires ne ſeront donc pas légitimes, puiſque ce caractere leur manque, ou ils ſeront autant de filiations de la puiſſance Judaïque ? D'ailleurs, les Livres ſacrés, en nous parlant de l'élection de Saül, ne diſent-ils pas que ce Roi fut accordé au seul vœu du peuple ? que ce fut le peuple qui le premier le demanda au Très-Haut ? N'a-t-on pas observé tout-à-l'heure que Dieu s'affligea de cette demande outrageante, & que sa clémence fit exposer aux ingrats des motifs les plus propres à les détourner de cette résolution insensée ?

Il est vrai que l'on dit très-souvent dans la Bible, que Dieu, dans son indignation, donne des Rois aux peuples, qu'il installe les Princes, qu'il fonde les Empires, que les Puissances de la terre sont un jeu de sa main redoutable. Mais conclurre de ces expressions que Dieu expédie aux Princes l'autorité du commandement, comme ceux-ci adressent à un particulier des Patentes de ministere public ou le bâton de maréchal ; en tirer une semblable induction, ce seroit adopter un principe défavorable à la religion & au gouvernement, destructeur de la société civile, & dangereux pour la personne sacrée des Princes.

En effet, confidérons un Roi qui, penſant ne rien tenir de ſon peuple, eſtime ne devoir ſa couronne qu'à la main de Dieu. Il peut en un inſtant renverſer tous les pactes primitifs, toutes les loix fondamentales, tout l'ordre ſocial, & s'attribuer à volonté une force immenſe, comme un pouvoir ſans bornes. En outre, les Rois ne ſont pas toujours les meilleurs des hommes; l'injuſtice & le crime en ont conduit un grand nombre ſur le trône. Les ſujets ne pourroient-ils pas à leur tour s'imaginer que Dieu n'a pu confier à de pareils Souverains la puiſſance royale, & de-là mépriſer les Loix, former de rebellions, attenter à leur perſonne ſacrée, & prétendre avoir fait un ſacrifice agréable au ciel, en abattant une tête impie qui régnoit contre ſa volonté ?

Mais laiſſant de côté le refuge de la théologie, je ne veux qu'étudier la nature de l'homme, & la conſtitution phyſique des Etats, pour voir juſqu'où doit s'éten-

C iv

dre la tolérance d'un ufage dont je ne puis affigner l'origine légitime. Et en effet, qu'on parcoure les annales du monde, qu'on examine l'hiftoire politique des nations, on y verra par-tout la *peine de mort* découler d'une fource auffi trouble que fangeufe.

On fera donc forcé de la chercher, & on la trouvera en effet dans le defpotifme arbitraire ; mais on a depuis long-tems démontré l'illégalité d'un gouvernement où les peuples ne forment aucun enfemble, aucune fociété, où il n'exifte entre les individus aucune réciprocité de devoirs & de droits certains ; où l'aveugle obéiffance reconnue de la part du defpote détruit l'autorité naturelle & néceffaire de l'Etat qui gouverne, où enfin aucun lien focial ne rapproche le tyran de fes peuples infortunés, & dès-lors cette efpece monftrueufe de commandement n'a jamais eu de droits tranfmiffibles aux Souverains qui n'ont pu par conféquent les ériger en Loix.

Indépendamment de cette origine de la *peine de mort*, on a cru en trouver une autre, imposante en apparence, mais au fond également fausse & irraisonnable. Voici le langage qu'on prête à la loi, en prononçant l'arrêt du coupable: *Tes crimes ont détruit l'équilibre de la sûreté & de tranquillité de tes semblables, avec lesquels tu t'es associé. Le contrat social veut que l'homme agissant de cette sorte, soit puni; donc tu dois être puni; donc tu dois mourir.*

Mais comment soutiendra-t-on la derniere de ces conséquences? En outre a-t-on pensé que l'homme à qui la nature & l'Auteur de la nature défendent de se détruire, à qui la voix irrésistible de l'instinct crie avec force, *conserve-toi*; a-t-on pensé que ce même homme ait dit à son chef, *tue-moi quand tu le croiras nécessaire pour maintenir le corps politique dans son état de sûreté & de tranquillité?* A-t-il pu par-là tranférer contre lui & contre ses semblables un droit qu'il n'avoit pas, & qu'il ne peut avoir acquis dans l'état de fociété, s'il ne l'eut point dans celui de nature?

Une femblable conceffion de pouvoir, entierement fuppofée, a cela de plus, qu'elle a été faite avec la condition de trouver néceffaire la mort du citoyen pour *la tranquillité & la fureté commune*. Mais je démontrerai en fon lieu, que cette néceffité ne peut jamais fubfifter, & que dans le cas où elle fubfifteroit, il feroit toujours abfolument irraifonnable de remédier aux maux publics par l'effufion du fang.

Si donc le droit du glaive n'a pu paffer de Dieu dans les Rois; fi le defpotifme arbitraire n'a pu le leur tranfmettre, s'il eft également impoffible, s'il eft contre toutes les loix que l'homme l'ait jamais accordé aux Souverains, comment donc ceux-ci en ont-ils obtenus la jouiffance ? Comment en jouiffent-ils encore ? Eft-ce le *droit du plus fort* qui arma le bras de l'homme régnant ? Est-ce la *raison d'Etat* qui protege ce pouvoir ?

Je ne saurois concilier le premier avec la saine raison ; n'appercevant aucun droit proprement dit, là où une force dominante enleve au souverain pouvoir le suffrage de la raison ; d'ailleurs, comment supposer un pareil droit aux Monarques de l'Europe, qui sont par excellence les Peres de leur peuple ?

Quant à la seconde, c'est une divinité barbare à laquelle on immola des milliers de martyrs, & les résultats de cette fameuse *raison d'Etat* se sont toujours entierement éloignés des loix de la justice.

Il est donc, comme on le sent bien, difficile de fixer avec précision l'origine de *la peine de mort*, & ma vue ne peut s'arrêter plus long-tems sur cette odieuse matiere.

Du jugement que la Loi de nature peut donner de la peine de mort.

Sous l'expression incertaine de loi de nature, je comprends *l'homme qui manifeste ses actions conformément à une nature raisonnable & sociale, & qui s'abandonne avec sagesse aux loix de son être.*

Cela posé, on a beau dire que les peines sont nécessaires dans la main des Rois, que les hommes peuvent y avoir consenti en se mettant en société, que le délit a la nature même du contrat, tellement que celui qui le commet se répute volontairement soumis à la peine ; on a beau dire enfin que celle-ci ne répugne point à l'équité naturelle, étant la suite nécessaire d'un accord antérieur ; à la honte de tous ces principes, on ne démontrera jamais que l'usage des peines soit conforme à la nature de l'homme, & jamais on n'en lira l'approbation dans le cœur humain.

Si l'homme n'a rien perdu de sa grandeur, en sacrifiant une partie de la liberté qu'il tenoit de l'égalité naturelle, il fit néanmoins un effort sublime; oui, un effort sublime ! Quoique l'homme aime & recherche son semblable, quoique la société soit le résultat de son être & de sa constitution, il n'en est pas moins vrai que l'homme n'est point créé pour dépendre servilement de l'homme. Ses actions les moins importantes dans les différens âges de la vie, attestent son penchant à l'indépendance, & décelent une grandeur d'ame, dont le sentiment va se peindre & sur le front superbe des Rois, & dans les traits obscurs de l'habitant des chaumieres.

Un Ecrivain a osé dire que la résolution de se donner un maître, & l'espoir trompeur de s'en trouver bien, supposoient dans l'homme une grande altération de sentimens & d'idées ; & en effet les hommes n'eurent d'abord d'autres Rois que les dieux, d'autre gouvernement que le théocratique, vers lequel ils inclinerent, pour ainsi dire, en vertu de cette force qui entraîne au centre tous les corps solides.

L'homme, je le répete, fit un effort sublime. En consentant à l'association civile, quelle garantie lui donna-t-on contre l'usurpation possible de son nouveau chef ? Il sacrifia donc le certain pour l'incertain ; & déposant un trésor inestimable dans les mains de son semblable, il n'eut pour toute *sûreté*, qu'une promesse inconstante à laquelle celui-ci pouvoit manquer à son *bon plaisir*. C'est ce qui n'arriva que trop souvent, sans que le Souverain eût à craindre le moindre obstacle de la part des sujets.

De plus, tous ceux qui voulurent établir un système de bonne politique, en faisant dériver les loix sociales de la loi naturelle, ont dit hautement, que la plus juste de ces loix positives étoit celle qui, en maintenant l'homme dans un état sûr & tranquille, offensoit le moins possible sa liberté naturelle. Si l'on cherche, dit Rousseau, en quoi consiste le plus grand bien général, qui doit être la fin de tout syftême légal; on trouvera qu'il fe réduit à ces deux objets principaux, la *liberté* & l'*égalité*.

Eh bien, la loi de nature qui femble n'avoir jamais pu approuver le facrifice de l'égalité & de la liberté fait par l'homme lui-même, malgré les avantages fignalés qu'il en retire, la loi de nature confentiroit-elle enfuite à ce que l'homme payât ces mêmes avantages de la deftruction de fon être ? Compagne inféparable de l'homme dans fes actions les plus fecrettes, le cœur humain n'a point de voiles pour elle: elle fait que l'homme ne raifonne pas toujours jufte, & que rarement il fe forme une véritable idée des objets de fes defirs. Elle remarque fon défaut de lumiere dans la comparaifon des biens dont il fe prive avec ceux qu'il efpere en fe livrant à fes paffions. Elle le voit emporté avec force vers le préfent, borné dans la vue de l'avenir; en un mot, aveugle fur fes propres intérêts. L'homme, au milieu de ces erreurs, lui paroît encore un objet plus digne de pitié que de courroux. Et quoiqu'elle ne désapprouve pas le châtiment du coupable (les remords qui suivent le crime, le démontrent assez clairement), cette approbation néanmoins de la loi naturelle ne peut s'étendre jusqu'à l'entiere dissolution de l'homme; & il sera toujours vrai, en général, qu'autant il est doux de rendre hommage à la vertu, en récompensant l'homme de bien, autant il est douloureux d'opposer une digue aux progrès du vice en punissant celui qui a le malheur de s'y abandonner.

La loi de nature ne donne donc de suffrage que pour abhorrer *la Peine de mort*; & si, comme on le pense en politique, la racine des loix sociales est la nature humaine non corrompue; si l'homme doit être dirigé selon sa propre nature, il faut convenir qu'on ne s'éloigne jamais autant de ces principes, que lorsque, pour le punir & le corriger, on va jusques à lui ôter l'existence.

De

De l'application de la Peine de mort.

La *Peine de mort*, appliquée au délit, n'est pas proprement une peine, si l'on veut admettre la définition de la *peine* donnée au commencement de cet Ouvrage.

La peine des coupables doit être un mal; & si la mort considerée d'une maniere absolue, n'est point un mal en elle-même, à plus forte raison n'en est-elle pas un relativement au malfaiteur.

La mort n'est point un mal en elle-même, puisque nous ne l'envisageons comme telle, qu'à raison de la répugnance que nous avons pour elle. Mais quoi de plus contraire au bon sens que cette répugnance? N'est-il pas aussi naturel à l'homme de se dissoudre que de végéter? Et cependant l'homme ne frémit point à l'idée de sa végétation, comme à celle de sa dissolution? D'où vient ce contraste? le voici. La crainte de la mort naît dans l'homme d'un composé informe de préjugés, de cette étrange image qu'il s'en forma dans l'enfance, de ce faux calcul d'imagination qui lui créa un enfemble de douleurs atroces dans la féparation de l'ame d'avec le corps; enfin, de cette penfée fi déchirante pour un cœur fenfible, celle de mourir à la tendreffe, & de dire un éternel adieu à mille créatures aimables.

A peine la foible vue de l'enfant commence-t-elle à diftinguer les objets, que l'on fe plaît à la tourner vers ce fquelette pâle, décharné, qui, privé de fes yeux, femble vous fixer encore avec un regard menaçant. A fes pieds, eft un monceau de cadavres décolorés; dans fa main offeufe, une large faulx limée par le tems; des ailes noires portent fon corps, & paroiffent déjà envelopper le monde. Une pendule lugubre mefure à fes côtés les courts momens de la vie; & fi vous joignez à ces affreufes images, des expreffions ténébreufes, qui en développent le fens fymbolique, comment ce jeune esprit se défendra-t-il de la peur ? Comment ne concevra-t-il pas, dès cet instant, une aversion constante pour la mort ?

Que sera-ce donc s'il se trouve présent au dernier soupir d'un homme ? Les plaintes perçantes que son épouse & ses enfans font retentir autour d'un lit de douleur, la détresse profonde de ses amis, le désespoir de sa maison, le souffle comprimé qui s'échappe du sein du moribond; ces mouvemens convulsifs qui semblent travailler à la dissolution des liens du corps, la sueur froide qui baigne son front, cet air pâle & sombre qu'on voit monter progressivement sur sa figure, le catarre insurmontable dont il est à la fin suffoqué; les cris, les hurlemens, la confusion où son trépas jette tous les esprits, la pompe funebre de ses obseques, l'obscur sépulchre qui ouvre son abîme aux restes de l'humanité, le nom de l'homme oublié avec lui, sa mémoire perdue en peu de jours ; voilà trop de motifs pour ne pas envisager la mort avec cette même épouvante que pourroit inspirer la vue du plus grand des maux.

Mais est-ce bien là l'image qu'on doit s'en former ? Les Egyptiens ne la jugeoient pas ainsi, eux qui portoient une figure de mort au milieu des festins, pour s'animer à l'allégresse, & l'on conserve encore d'anciennes médailles où est gravée une tête humaine parmi les verres & les guirlandes. Des milliers d'infortunés, dégoûtés de la vie, demanderent à en être délivrés, ou se tuerent eux-mêmes d'un main tranquille. Une infinité d'hommes sont arrivés à ce dernier terme, avec ce sang-froid qui ne les avoit jamais abandonnés dans les événemens heureux ou malheureux de la vie : indices manifestes que la mort ne peut par elle-même ébranler l'esprit supérieur du Philosophe, & si la foule des êtres s'en fait une idée redoutable, cela vient des circonstances qui accompagnent la mort, mais non de la mort considérée solitairement en elle-même.

Cette assertion que la nature répugne à sa destruction, est un véritable sophisme ; il est aussi naturel à l'homme de mourir que de végéter : c'est un principe incontestable. Cela posé, si les femmes, dont les impressions timides entourent nos premieres années, savoient ce que c'est que végéter, comme elles savent ce que c'est que mourir ; si, dans leur cerveau susceptible, le procédé de la végétation alloit se peindre avec des traits fantastiques, qui la rendissent aussi sensible à nos yeux que la mort elle-même, l'homme, en sortant de leurs mains, craindroit plus de végéter que de mourir, ou plutôt l'idée qu'on végere sans s'en appercevoir, l'éclaireroit sans doute, & le conduiroit à cette conséquence facile qu'on meurt aussi sans s'en appercevoir, de maniere qu'en perdant la crainte de végéter, il perdroit également la crainte de mourir.

Au reste, dire que la nature abhorre sa

destruction, c'est être l'écho servile du vulgaire. Cette aversion proviendroit donc du corps ou de l'esprit ? proviendra-t-elle du corps ? Non ; la matiere n'a point de sentiment de sa nature, & le mouvement qu'elle reçoit de la vie lui est aussi indifférent que le repos où la mort la réduit ? Proviendra-t-elle de l'ame ? Donc l'ame abhorrera naturellement sa séparation d'avec le corps ; donc ce sentiment d'horreur aura été imprimé en elle par le Créateur; donc le Créateur aura voulu que l'ame se sépare & refuse de se séparer. Une pareille contradiction peut-elle s'allier avec la souveraine intelligence ?

Concluons donc que l'horreur de la mort n'est point naturelle à l'homme, qu'elle est en lui le résultat d'idées confuses & de préjugés extravagans. Il est de sa nature sans doute de fuir les maux & les douleurs qui attaquent le corps, & portent le trouble dans l'ame qui veille à sa conservation ; mais si la mort, comme il arrive communément dans les vieillards, n'eſt point accompagnée de ces ſouffrances accidentelles, rien ne ſera moins douloureux, rien ne ſera plus conforme à la nature que de mourir.

Que l'ignorance ſoutienne que le coup le plus déchirant eſt dans la ſéparation même de l'ame d'avec le corps ! Une pareille aſſertion ne réſiſtera point à la force des preuves qui ſe préſentent en foule pour la combattre. En effet, la matiere eſt-elle unie à l'eſprit par un lien corporel, & ce lien ſe briſe-t-il avec violence au moment de leur ſéparation ? non. Cette harmonie eſt dépendante de la volonté ſeule du Créateur. Elle ceſſe comme elle a commencé, & ne fait par elle-même en ceſſant aucune ſenſation : c'eſt ainſi que deux amis ſe laiſſent ſans douleur après un long entretien.

Il eſt vrai qu'à l'exception de ceux qui meurent d'apoplexie, en léthargie, ou de mort ſubite, il en eſt peu qui finiſſent ſans

D iv.

douleurs. La fievre, d'horribles tranchées, une inflammation, ou quelqu'autre mal de cette espece, tourmente le moribond ; mais la mort n'est point la cause de tous ces maux, elle en est plutôt l'effet; d'où il suit que le sage, loin de trouver en elle quelque chose d'amer, lui attribuera le mérite de mettre fin à ses maux ; ne fût-elle pas en effet dans mille occasions un remède salutaire (1).

Je veux pour un instant que la mort soit réellement un mal, que l'homme ait une horreur insurmontable pour sa destruction, quel sera le moment où le malfaiteur, con-

---

(1) Me préserve le ciel de perdre de vue dans cette thèse, l'éternité des peines ! Mais ces peines doivent-elles effrayer le Chrétien, jusqu'à lui faire abhorrer la mort ? non. Quoiqu'il soit incertain de son mérite, quoiqu'il ne sache pas quand il est digne d'*amour* ou de *haine*, il peut néanmoins, dans tous les tems, s'amasser un trésor pour le ciel, & tourner à son avantage jusqu'à ses fautes, tant sont étendus les secours de la Religion ! Quelle horreur pourroit donc attacher le Chrétien à l'idée de la mort ?

damné à la mort, pourra en reſſentir la ſenſation déchirante, ſi la mort n'eſt qu'un point imperceptible de la vie humaine, tellement que ſi, pour meſurer la grandeur d'une ſenſation agréable ou douloureuſe, on doit avoir égard à ſon *actualité* & à ſa durée, il ſera de toute impoſſibilité que le ſupplicié, dans cette diſſolution, puiſſe meſurer l'inſtant dans lequel il ſouffre.

En outre, l'expérience diſtingue trois claſſes d'hommes, relativement *à la Peine de mort*. La premiere & la plus nombreuſe renferme tous ces êtres vulgaires qui ſur la foi des préjugés & d'une répugnance inſenſée, regardent la mort comme le plus grand des maux. Dans la ſeconde, ſe trouvent ces Philoſophes qui l'enviſagent d'un œil ferme, & nous donnent par-là le véritable point de vue ſur lequel on doit la juger. La troiſieme comprend ces ſcélérats que l'aſpect de l'échaffaud n'a point ébranlé, dont l'air froid & audacieux a bravé la mort & défié ſon appareil terrible.

Ces trois claſſes forment trois états différens de l'ame, dans l'un deſquels il eſt néceſſaire qu'elle ſe trouve en réfléchiſſant à la diſſolution future de la matiere à laquelle elle eſt unie.

S'il eſt démontré que la mort n'eſt point un mal en elle-même, comme le ſeroit la ſenſation occaſionnée par la diſſolution violente du corps, il faudra la regarder comme telle à raiſon du déplaiſir que l'eſprit éprouve en ſe ſéparant de la matiere, & puiſqu'elle ne ſauroit plus être une peine phyſique, on ſera forcé de la nommer une douleur morale.

Mais en conſidérant attentivement l'ame dans les trois états déſignés, on reconnoîtra qu'attendu ſa ſituation violente, ou ſon calme parfait, il ne peut en réſulter pour elle aucune ſorte de douleur.

En effet, dans l'hypothèſe que les hommes ſont perſuadés que la mort eſt le plus grand des maux, en ce qu'elle entraîne avec elle un bien qu'ils préferoient à tout dans l'ordre de la nature; dans cette hypothese, l'idée de la mort doit occasionner en eux une sensation terrible, qui ne laissera plus à la raison la liberté de son exercice.

Que fait l'ame humaine dans une situation violente quelconque ? Elle s'abandonne bien plus aux impressions de l'instinct, aux mouvemens du corps, qu'à ses propres facultés ; & si elle consigne au moins ses pensées à l'imagination, celle-ci en est tellement frappée, qu'elle transporte l'esprit dans une extase ravissante, ou un saisissement douloureux qui l'absorbe entierement, ou ne lui laisse qu'une idée très-confuse de son état.

C'est un principe général dont la force & la vérité éclatent sur-tout dans le malheureux condamné à une mort ignominieuse. Combien de fois n'est-il pas arrivé qu'un malfaiteur, entendant son arrêt, perdit l'usage de ses sens, & lorsque la bonté du Souverain est venue tout-à-coup révoquer la sentence ! Telle fut la violence qu'il éprouva en passant de l'excessive douleur, à l'excessive joie, que l'infortuné survécut peu de momens à sa nouvelle destinée.

Où est donc le tourment moral du coupable dans l'idée de la mort, quand il l'envisage même sous le point de vue général ? Lui supposera-t-on, un seul moment dans lequel, réfléchissant paisiblement à la scène sanglante qui s'apprête, il pourra calculer ses pertes futures, en se rappellant tous les objets chérs à son cœur, avec toutes les causes qui lui dépeignent la mort épouvantable ? On doit en dire autant, dans le cas opposé, de ceux qui ont mis au rang des chimeres les ciseaux de la Parque, occupée à trancher le fil de notre vie. On doit en dire autant des hommes convaincus que celle-ci ne se voit point, que ses coups ne se font pas sentir, & que la mort enfin n'a rien de violent.

Il n'eſt plus permis d'en douter, l'horreur de la mort provient dans l'homme de l'habitude, de l'éducation & du préjugé. Un homme féparé du commerce de ſes ſemblables, fans avoir aucun moyen de découvrir ſa propre ſource, non-ſeulement s'imagineroit ne pas être né, mais tiendroit pour certain qu'il ne doit pas finir. Le fameux ſourd de Chartres même, quoiqu'il vît mourir ceux qui l'entouroient, n'avoit aucune idée de la mort, & un ſauvage qui ne verroit mourir perſonne, ſe croiroit immortel. Tout ceci nous ramene à la premiere origine de l'horreur de la mort.

Seroit-il invraiſemblable, qu'un ſcélérat, même ignorant, ſe fût familiariſé avec les vraies idées de la diſſolution, juſqu'à la regarder comme une ſuite inévitable de la naiſſance, & la deſirer comme la fin de ſes travaux, & un refuge aſſuré contre les viciſſitudes de la vie? Quelle force ne doit pas ajouter au mépris que le criminel fait de la mort, l'idée d'être un jour ignominieufement exposé à la vue de la multitude, s'il a le malheur de survivre à son délit ? Cette voix tardive de l'honneur a plus d'une fois armé le coupable contre lui-même ; nombre de fcélérats, deftinés à fervir de victime à la vengeance fociale, ont confommé par eux-mêmes un facrifice que la publicité feule leur rendoit odieux. Loin d'être alors un objet d'angoife & d'amertume, la mort eft pour eux une fatisfaction agréable. Quelle peine en conféquence peut-elle jamais leur caufer ?

Une foule d'exemples atteftent l'héroïfme de fuppliciés, qui, au milieu des tourmens, fourioient au bourreau, & accufoit fa rage d'impuiffance. A ce fujet, je citerai ce fait mémorable dont tout Milan fut, il y a quelques années, le témoin. Un chef de voleurs, attaché fur la roue, fe difoit étendu fur un lit de rofes, & paroiffoit en effet y repofer avec délices. Plufieurs de fes complices fe fentant probablement capables d'imiter fon exemple, allèrent couper des parties de son corps, & les conserverent avec un respect religieux. N'est-ce pas là compter la mort pour rien ?

Mais les défenseurs de la *Peine de mort* dédaignent de pareils raisonnemens, qu'ils disent démentis par une quantité de circonstances & de faits. Ils soutiennent que d'après l'horreur de la foule pour sa propre destruction, un seul de ces spectacles sanguinaires, ordonné promptement (1), suffit pour éloigner du crime tous les autres citoyens, & l'idée du spectateur est bien plus à considérer selon eux, que la sensation plus ou moins douloureuse du coupable.

L'exemple, disent-ils, a une grande influence sur la conduite des hommes, & prévient sur-tout efficacement les délits. J'ai de la peine à croire que nos assassinats

―――――――――――

(1) La promptitude dans les sentences de mort est généralement du goût des criminalistes, comme donnant une force majeure à l'exemple des peines.

juridiques puiffent être une école falutaire ou un frein bien puiffant. Ils font rares les délits que l'on commet fans un égarement d'efprit; & dans ces circonftances, l'homme eft incapable d'analyfer fes propres inclinations, au point de prévoir que fon crime va l'immoler à la vengeance publique, ou fi l'œil de la raifon fonde & mefure la profondeur de l'abîme, la force victorieufe d'un bien préfent, la folitude qui environne le coupable, une certitude morale d'échapper à la cenfure de la loi, tout, hélas! n'affoiblit que trop l'impreffion de l'exemple.

La *Peine de mort*, dira-t-on, eft confidérée, quelqu'en foit la caufe, comme le comble des maux; la nature abhorre fa deftruction; le terme de la vie eft à nos yeux le défordre le plus fenfible : ces principes réunis doivent donc exciter en nous, à la vue d'un fupplicié, une fenfation véhémente, durable, & toujours préfente dans nos moindres opérations.

Mais,

Mais, outre que la nature des violens eſt d'avoir une courte durée, cette violence même, unie aux principes déſignés, produira un effet, qui, s'il n'eſt pas entiérement oppoſé aux vues de la Loi, lui deviendra au moins ou inutile ou indifférent. Sera-ce une horreur pour le dernier ſupplice ? Mais cette horreur feroit ſalutaire. Sera-ce une averſion pour le crime & le criminel ? Cette averſion du moins auroit ſon utilité. L'effet de la violence que nous éprouvons alors, n'eſt donc ni l'horreur du ſupplice, ni la haine du crime, mais un ſentiment invincible de pitié. Le ſcélérat a diſparu, & notre compaſſion ne voit plus qu'un infortuné.

La victime s'avance vers le lieu de ſon ſacrifice, la ſociété eſt dans un mouvement confus: on tremble à la penſée de la ſcene prochaine, quoique la curioſité vous y entraîne. Le condamné arrive au pied de l'échaffaud. Les miniſtres ſacrès l'environnent; leur zele l'invitent, avec des raiſons

E

plus foibles sans doute qu'une démonstration mathématique, à quitter la vie sans regret, & d'espérer tout de cet effort puissant. Ils s'éloignent. Un homme remplit sa charge d'homicide, & un citoyen passe en un moment de l'existence à l'inexistence.

Quel sera alors l'émotion intérieure des spectateurs? quels sont leurs véritables sentimens? Quiconque est de la même nature que l'être souffrant; quiconque laisse un libre cours au premier mouvement à la vive douleur, dont le cœur de tout homme est déchiré en voyant son semblable aux prises avec les angoisses du supplice, toutes les ames sensibles, en un mot, éprouvent une suspension totale de leurs facultés intellectuelles, & non le calme nécessaire à la méditation. Le sacrifice est consommé, & il ne leur reste de cette scène sanglante, que ce qui reste d'un songe. L'ame n'a pas encore repris sa tranquillité, que ses perceptions violentes ont disparu avec la rapidité de l'éclair. Et en effet, si l'idée se grave plus ou moins dans le cerveau, à proportion que la raison l'a plus ou moins profondement médité, quelles traces durables laisseront dans la mémoire ces idées, dont la violence surprit la raison, & ne lui laissa ni l'usage de la réflexion, ni l'exercice de son activité ? Quel sera donc l'avantage de l'exemple dans la *Peine de mort*, & quelle en sera l'utilité générale ? A qui une pareille *peine* peut-elle profiter, dit Voltaire ? au seul bourreau que l'on paye pour assommer les hommes en public (1).

En outre, si toute peine criminelle doit avoir en vue l'*amendement* du coupable & si, désespérant de l'obtenir, la Loi doit chercher désormais à le rendre physiquement innocent pour la société, quel amandement peut-on jamais se promettre d'un homme qui n'existe plus, & combien il est

---

(1) Commentaire sur le Livre des Délits & des Peines, tome XXXI. des Œuvres, édit. de Basle, 1786.

étrange de le tuer pour le rendre innocent !

D'ailleurs, la perte d'un citoyen qui, quoique fcélérat, peut être affurement plus utile à la fociété qu'un cadavre fans vie cette perte n'eft-elle pas à confidérer? Qu'on ne dife pas qu'elle ne fauroit être importante; il fuffit qu'elle foit quelque chofe pour devoir être calculée. La population, a dit un Ecrivain, eft une affaire de calcul, & ce calcul doit tout additionner, pour ne pas refter incomplet, puifque les fractions les plus éloignées de l'entier, mifes en fomme, donnent le produit de l'entier, ou s'y joignent.

Si la *Peine de mort* ne pouvant s'appeller un mal phyfique, ni un mal moral, n'eft point dès-lors proprement une peine, fi l'utilité de l'exemple eft purement illufoire, fi on n'obtient pas avec elle l'amandement du coupable, fi c'eft un moyen irraifonnable de garantir la fociété des attaques du crime ; fi enfin elle altere en quelque sorte la somme sociale, sous quel aspect avantageux se présentera donc une pareille Peine? Une peine, je le répete, que l'on trouva quelquefois inférieure au crime, & je n'en veux d'autre preuve que ces arrêts qui ordonnent la dilacération d'un cadavre insensible, & que la confiscation générale des biens du supplicié (1), usage affreux, qui fait payer à la malheureuse innocence l'odieux d'un forfait qu'elle ne vit pas commettre, & quelle ne put empêcher. Où sont donc les avantages de *la Peine de mort*?

L'objet principal des peines, va-t-on me répéter, est la sûreté & la tranquillité des

---

(1) Cette espece de barbarie Vandale, fruit & calcul de l'avarice des Rois, a été envisagée sous un point de vue particulier, par le Code criminel de la Toscane. Voyez *le nouveau Code Criminel pour le Grand-Duc de Toscane*, Art. LXV. p. 39. à Lausanne, 1787. Pouvoit-on donner un autre nom que celui de *Code de l'humanité*? & c'est aussi celui qu'on lui déféra à la gloire du Souverain qui lui donna sa sanction.

membres sociaux, cet objet là même rend *la Peine de mort* utile & nécessaire, malgré les raisons spécieuses avec lesquelles on cherche à la décréditer. Il y a de ces hommes pour qui l'art du crime est déjà passé en habitude. Il existe de ces forfaits si compliqués que, d'eux-mêmes, ils mettent le glaive dans la main du Souverain, & demandent le sang du coupable. A l'exception de la mort, nulle autre peine ne purge la société de l'engeance dangereuse des scélérats, nulle autre peine ne donne une satisfaction proportionnée à l'offense qu'elle en a reçu, nulle autre peine en conséquence ne garantit la sûreté publique de tout renversement.

Ce raisonnement homicide doit être considéré sous deux aspects ; 1°. relativement au besoin de garantir le corps social des attaques de ces malfaiteurs familiarisés avec le crime, & chez lesquels l'habitude de nuire est devenue une sorte de nécessité morale ; 2°. relativement à l'atrocité de certains délits, qui semblent ne pouvoir s'expier que par la destruction du coupable : comme si cette peine étoit proportionnée au plus énorme forfait ; comme si un attentat, aggravé de circonstances, se trouvoit justement puni par ce mal rapide & instantané que l'on souffre en passant de l'existence à l'inexistence !

La société sans doute doit arracher sans délai ces membres grangrenés dont l'approche est mortelle. Elle doit sur-tout se hâter de sévir contre l'habitude invétérée du crime ; il est nécessaire que l'Etat n'ait point sans cesse à redouter les tentatives d'un scélérat. Je conviendrai même que les délits les plus atroces doivent être accompagnés d'une égale atrocité de peine, d'une peine qui, en affligeant corporellement le coupable, en expie graduellement le forfait ; d'une peine dont l'exemple puisse être un obstacle à la possibilité du crime, d'une

E iv

peine enfin proportionnée à la juste indignation, que l'attentat a excité dans les cœurs honnêtes & vertueux.

Y auroit-il une peine plus puissante que la mort, & dont on eût droit d'attendre de pareils effets ? Seroit-il vrai qu'il existât une peine qui garantît la société des atteintes du crime, qui affligeât le coupable avec moins de violence sans doute, mais avec des tourmens plus réels, & que cette peine ne fût pas la *Peine de mort* ? Est-il possible d'isoler un individu nuisible à la patrie ? Pourroit-on, dans cet état d'isolement absolu, lui faire expier toute l'atrocité de ses forfaits ?

S'il est une peine qui porte avec elle cette juste compensation, & qui produise naturellement de semblables effets, graces aux lumieres & à l'humanité de deux grands Souverains, le dix-huitieme siecle s'honore justement d'une pareille découverte. Laissant à qui peut en être jaloux, le droit superbe de moissonner la vie des hommes, l'immortelle Impératrice de Russie, Catherine II, & Pierre Léopold, le Législateur de la Toscane, ont substitué à la *Peine de mort*, une autre peine à la fois juste & utile, sous quelques points de vue qu'on envisage le délit.

De la peine qui semble devoir être substituée à la Peine de mort.

L'esclavage perpétuel des coupables; ou, comme on dit communément l'*esclavage à vie*, peut s'appeller *la peine* par *excellence*, puisqu'elle réunit tout ce qui manque à *la Peine de mort*. Elle offre une juste proportion entre la peine & le délit. Elle assure la tranquillité des citoyens, elle laisse intacte, jusques dans ses moindres parties, la somme de la population; elle est un exemple efficace & salutaire; il en résulte enfin une utilité réelle dans la conservation même du coupable.

Les Loix sages qui substituerent à la

Peine de mort l'esclavage perpétuel des coupables, assignerent cette peine suprême à tous les crimes qui auparavant encouroient la mort, sans s'arrêter à nous prouver que cette peine étoit en effet le plus grand des maux, & par là même proportionnée aux plus énormes délits.

Que la mort ne soit pas le dernier des maux, nous l'avons suffisamment démontré ; que l'esclavage perpétuel soit le juste châtiment des délits capitaux, ou qu'il soit, comme s'exprime notre Code criminel, *le dernier supplice*, nous allons l'établir.

Si l'esclavage perpétuel se bornoit à la perte de ces droits, que l'on a nommés *jura civitatis* ; s'il n'étoit autre chose que la honte de vivre au milieu de ses semblables, couvert d'opprobres & consacré aux plus vils travaux, j'avoue que cette peine perdroit même à mes yeux beaucoup de cette horreur que j'y vois en effet.

Mais quelle sera la situation d'un homme tombé de la liberté civile, dans l'abîme profond & resserré d'une éternelle servitude ? Pour comble d'horreur, il a perdu cet adoucissement trompeur, il est vrai, mais que le ciel nous envoya comme un baume dans nos afflictions, il a perdu l'espérance. En disant un dernier adieu aux anciens compagnons de sa vie, il met le pied dans une société d'hommes consacrés, comme lui, à un affreux désespoir. A peine couvert dans les parties de son corps les plus sensibles aux rigueurs des saisons, il n'obtient pour sa faim dévorante qu'une foible portion d'alimens, destinée non pas à le contenter, mais à faire revivre chaque jour son supplice : les aises de sa vie se changent pour lui en des incommodités lentes, indéfinies, & d'autant plus insupportables à l'homme, qu'une impulsion irrésistible le porte à analyser la nature & l'art, & à les rendre en quelque sorte tributaires de sa félicité. Il est forcé à un genre de vie, dans lequel tout inquiete son ame, tout resserre son corps, sans qu'une secousse violente lui ôte ce calme effrayant & ce sang-froid si propre à mesurer les longs momens de la peine : enfin, il est enchaîné à une vie dont la mort seule seroit le remède salutaire.

Quel affreux tableau, me dira-t-on, venez-vous de tracer? Où est ici cet adoucissement de peine tant célébré? où est la proportion entre le crime d'un instant, & cette vie entiere de tourmens, que l'on pourroit appeller un supplice prolongé, & & une torture indéfinie?

Mais outre que l'esclavage perpétuel est assigné aux seuls délits *capitaux*, qui, dans un autre cas, auroient mérité la mort, une raison puissante rend cette même peine dans l'être qui la souffre, beaucoup moins inhumain qu'elle ne l'est en substance. Si rien ne devoit adoucir la sensation cruelle que ces malheureux éprouvent en commençant leur pénible carriere, peut-être par respect pour l'humanité, ne trouveroit-on pas de crime digne d'une pareille peine. Mais qui pourroit ignorer l'empire de l'habitude sur l'esprit humain? Ne nous rend-elle pas infenfible aux maux les plus barbares comme aux plaifirs les plus doux ?

Qu'on adapte ce principe à la condition de l'efclave, & l'on verra que l'allégreffe en effet perce quelquefois l'obfcurité de fa prifon, que le plaifir agite fes chaînes, & que fa joie éclate très-fouvent au milieu des travaux les plus pénibles. Il oublie le paffé, ne s'inquiète plus de l'avenir, & fa raifon déformais circonfcrite au moment préfent, ne lui porte plus d'atteintes bien profondes; & fi par hafard un rayon de lumiere vient lui découvrir en entier le quadre malheureux de fon exiftence, c'eft une fituation violente, d'où le tirera bientôt la fouffrance du moment, à laquelle il fuccombera d'autant plus aifément, qu'elle aura pour lui le mérite d'écarter les angoiffes de la réflexion.

Voilà donc un crime juftement expié par l'efclavage perpétuel, voilà la fociété garantie de l'invafion des fcélérats, & la population refpectée dans fes moindres parties.

Veut-on en outre que la peine foit un

exemple falutaire, que les autres hommes y attachent une horreur qui les détourne du crime, la feule fervitude perpétuelle offre ces avantages, & peut devenir pour chaque citoyen l'objet d'une utile méditation. En effet, l'homme que l'impreffion phyfique du châtiment ne force pas de fortir fans ceffe de lui-même, a fur la nature de la peine, des vues plus étendues que le coupable ; & fe figurant l'horrible fituation du condamné, il rapproche fa liberté préfente de l'efclavage qu'il obferve dans autrui : aucune fenfation affligeante ne refferre fon efprit, & ne lui dérobe un avenir qui fe préfente à fon imagination fous les plus noires couleurs. La douloureufe penfée de cette fcène fe porte à fon intellect avec une lenteur qui la grave, & la lui retrace vivement, quand une occafion funefte l'attire vers le crime.

Peut-être fera-t-on tenté d'appliquer au fpectateur ce que je difois de l'habitude au fujet du condamné ; mais l'exemple qui frappe journellement les yeux du premier, la perfpective d'un bonheur fans bernes, toujours préfente aux regards éblouis de l'homme, & l'art ingénieux qu'il développe à la pourfuite d'un objet fi cher, tout en lui prolonge une horreur que le coupable finit enfin par ne plus éprouver. Celui-ci, défefpérant de recouvrer fa liberté, eft contraint au bout de quelque tems de fouffrir paifiblement un mal fans remède, & de contempler avec une fermeté raifonnable, un malheur qu'il s'eft créé lui-même ; & fi le defir d'être heureux peut fe trouver dans l'homme, avec le défefpoir de le devenir jamais, il ne ceffera de chercher, dans fa fituation même, tout ce qui peut en diminuer l'horreur, & ce foible adouciffement, cette trêve fugitive fera pour lui le bonheur.

Vivent à jamais les auguftes Souverains, dont les lumieres ont changé en une éternelle fervitude la mort fanglante des coupables, dont l'humanité a rédigé tous les motifs qui pouvoient les déterminer à la clémence ! Vivent à jamais les Souverains dont la bouche facrée n'a jamais proféré une fentence reprouvée de la nature ! Ils ont satisfait à la justice, en soumettant le scélérat à une peine plus grande que la mort, en prévenant efficacement les délits, en offrant dans l'esclave courbé sous le poids des travaux, un exemple terrible aux citoyens prévaricateurs, & un témoignage éclatant de la triste condition du crime. Telle est la révolution opérée depuis long-tems dans la Moscovie, telle est la loi récente de la Toscane, où le Souverain se contente d'enlever au coupable une liberté qui multiplieroit les crimes, & laissant à la rouille les instrumens de la mort, tourne à l'avantage de la société, jusqu'aux membres infects & gangrenés, qui en menaçoient la ruine & le renversement. Couvrons de fleurs les noms immortels de CATHERINE & de LÉOPOLD, & répétons à l'heureuse contrée du Nord, où regne la premiere, à la Toscane fortunée où commande le second, cette belle maxime du divin Platon : *Heureux un Etat dont le Roi sera Philosophe, ou dont un Philosophe sera le Roi.*

F I N.

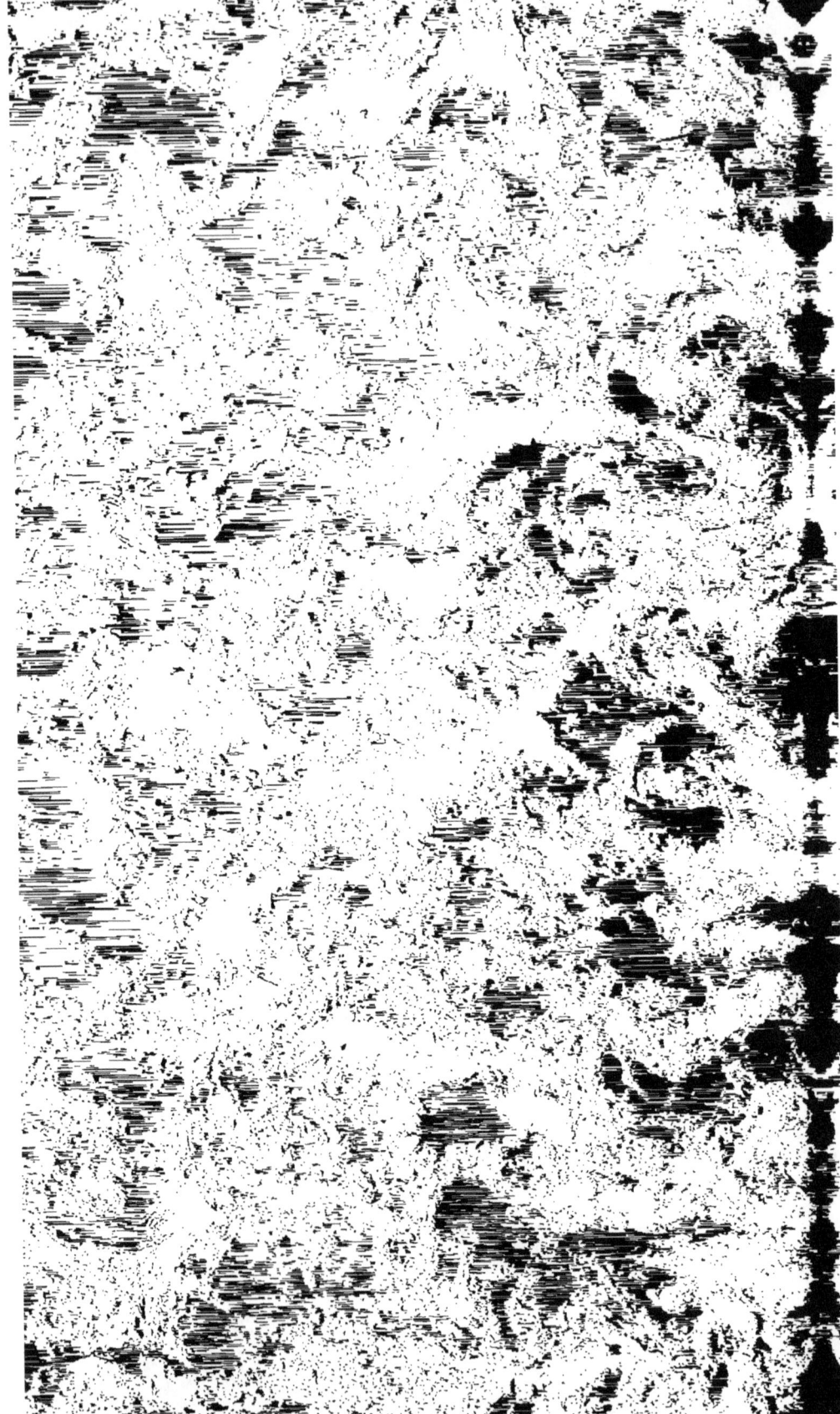

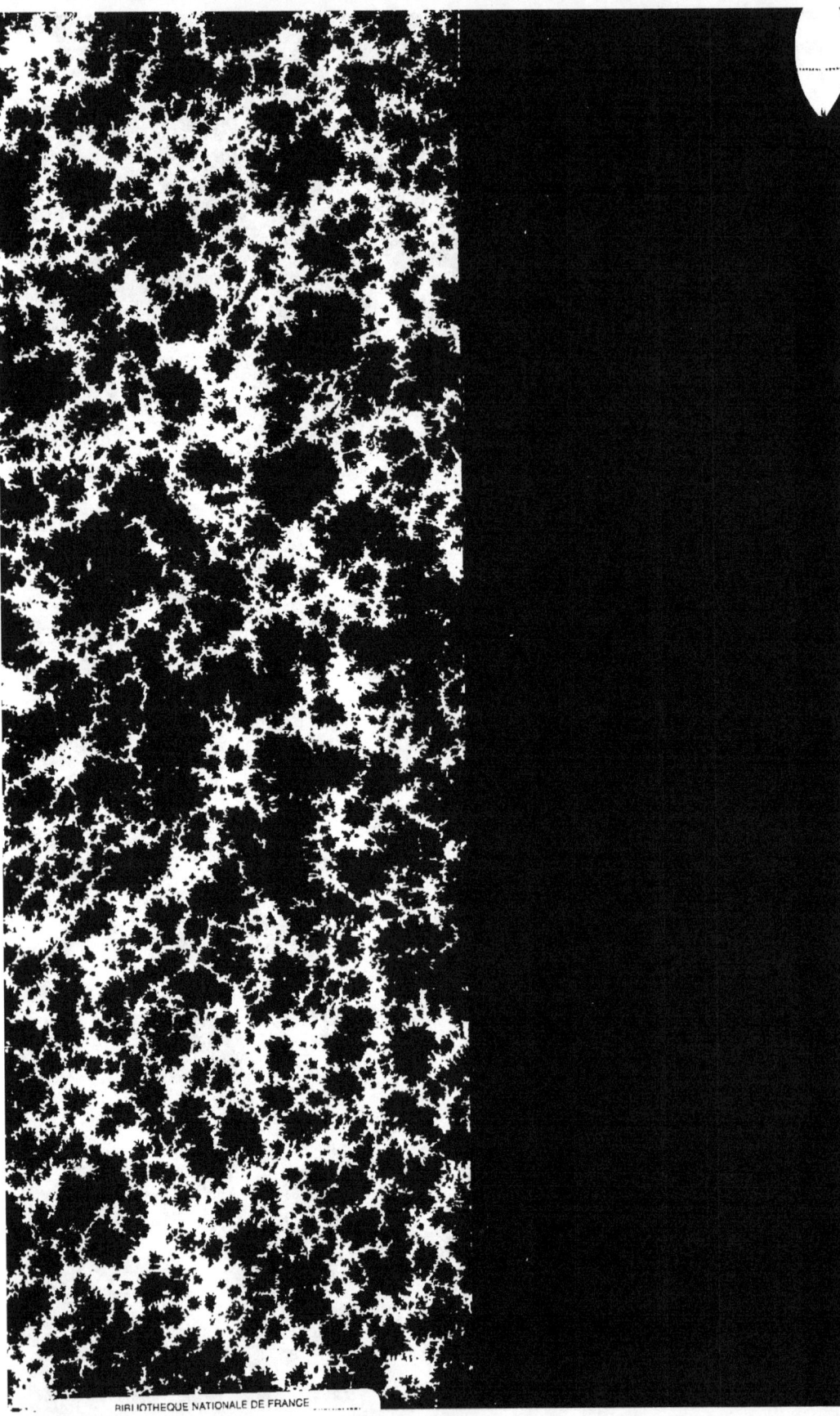

www.ingramcontent.com/pod-product-compliance
Lightning Source LLC
Chambersburg PA
CBHW060201100426
42744CB00007B/1126